新时代下

基层服务型党组织建设的实践探索

温小佳　赵　蕴　孙丹丹 ◎著

U0964552

光明日报出版社

图书在版编目（ＣＩＰ）数据

新时代下基层服务型党组织建设的实践探索 / 温小佳，赵蕴，孙丹丹著. -- 北京 : 光明日报出版社，2023.11

ISBN 978-7-5194-7600-7

Ⅰ. ①新… Ⅱ. ①温… ②赵… ③孙… Ⅲ. ①中国共产党－基层组织－组织建设－研究 Ⅳ. ①D267

中国国家版本馆 CIP 数据核字(2023)第 215130 号

新时代下基层服务型党组织建设的实践探索

XINSHIDAIXIA JICENG FUWUXING DANGZUZHI JIANSHE DE SHIJIAN TANSUO

著　　者：温小佳　赵蕴　孙丹丹

责任编辑：郭玫君　　　　责任校对：房　蓉
责任印制：曹　诤

出版发行：光明日报出版社
地　　址：北京市西城区永安路 106 号，100050
电　　话：010-63169890（咨询），010-63131930（邮购）
传　　真：010-63131930
网　　址：http://book.gmw.cn
E - mail：gmrbcbs@gmw.cn
法律顾问：北京市兰台律师事务所龚柳方律师

印　　刷：北京四海锦诚印刷技术有限公司
装　　订：北京四海锦诚印刷技术有限公司
本书如有破损、缺页、装订错误，请与本社联系调换，电话：010-63131930

开　　本：787mm×1092mm　1/16　　　　印　　张：11
字　　数：200 千字
版　　次：2024 年 4 月第 1 版
印　　次：2024 年 4 月第 1 次印刷
书　　号：ISBN 978-7-5194-7600-7

定　　价：50.00 元

版权所有　翻印必究

前　言

当前，我国正处于进一步推进全面建设社会主义现代化国家的新时代。在这个新时代的背景下，基层党组织作为中国共产党的战斗堡垒和党的组织网络的基础，发挥着至关重要的作用。然而，随着社会发展和变革的加速，基层党组织在适应新形势、新任务、新要求方面也面临着新的挑战。为了更好地发挥基层党组织的战斗堡垒作用，基层服务型党组织建设成为摆在我们面前的一项重要任务。

基于此，本书以《新时代下基层服务型党组织建设的实践探索》为题，旨在深入研究和探讨在新时代背景下，如何构建和发展基层服务型党组织，进一步提升基层党组织的服务能力和水平，以更好地服务党和人民群众。

首先，从基层党建工作的基础内容切入，探讨了基层党组织的起源、党的基层组织的职能、新时代党的基层组织建设的重大意义；其次，分析了基层服务型党组织建设及其价值意蕴、基层服务型党组织建设的动力机制；再次，探讨了基层服务型党组织建设的实践新格局，包括实现为民服务理念的人本化科学化、实现服务平台载体的多样化集约化、实现服务机制的常态化与长效化发展；最后，探究了“互联网+”视域下基层党建的环境体系与实践探索。

本书旨在为基层党员干部提供一个学习交流的平台，帮助他们加深对基层服务型党组织建设理念的认识，提升工作能力，不断探索适应新时代需求的服务模式和创新举措。

笔者在撰写本书的过程中，得到了许多专家学者的帮助和指导，在此表示诚挚的谢意。由于笔者水平有限，加之时间仓促，书中所涉及的内容难免有疏漏之处，希望各位读者多提宝贵意见，以便笔者进一步修改，使之更加完善。

目　录

第一章　基层党建工作概论

第一节　基层党组织的起源

不管在任何时期，基层党组织总是紧紧地将人民群众团结在自己身边，统一在共产党的光辉党旗下，让党的领导更加有力量、有活力。

一、新民主主义革命时期

（一）初步建立时期（1919—1927）

在《中国共产党章程》中，提出“凡有党员三至五人者，均得成立党小组”，自此党小组便成了党的最小单位。而中国共产党的基层组织制度也得以初步形成。随后，在1925年1月，中共四大上的党章修正案中，明确“有三人之上才能形成党支部”的条款，用“党支部”替换“党小组”，确立为党的最小单位。同时，在《对于组织问题之议决案》等文件中提出，支部工作不仅仅局限于发展和教育党员，更多地应该去利用党的政治主张发动、启发、带领群众为自身利益而斗争。中共四届三中全会上，确定了支部在所处环境中执行党的各项任务、开展党的工作的职能。

（二）发展时期（1927—1937）

1929年6月，在党章的第三次修正案中，进一步细化了支部的工作任务和职责，首次明确了党支部的地位与作用，并提出“支部为党的基本单位”“是党与人民群众直接产生社会关系的组织”。1930年9月，党的六届三中全会提出党的中心组织问题，特别指出了“尤其要加强支部在群众中的核心作用”。抗日战争是党组织迅速壮大走向成熟的时期，党的基层党组织建设也得到了全面的发展。

（三）全面发展时期（1937—1945）

1940 年 10 月，中共中央宣传部发表的《关于各抗日根据地内党支部教育的指示》中开始从党员素质入手，要求开展党支部教育，增强党内教育，增进支部全面发展。

（四）巩固整顿时期（1945—1949）

1945 年，在中共七大上提出凡有党员三人以上者，需要进行支部设置、建设、工作等一系列的规定，使基层党组织建设得到巩固整顿，为党后期工作的顺利开展提供了基础。

二、革命和建设时期

自黄炎培提出历史周期率后，党中央便时刻警醒要加强自身建设。1951 年，党开始有计划地面对机关支部、工矿业支部、学校支部等基层党组织进行整改。在这次整顿中，重点不尽相同，采取的措施也各有针对性。在这次整顿中整改了 25 万个党支部，新建了 17 万个党支部。1956 年 1 月，在中央组织部拟定的《关于 1956 年到 1957 年发展新党员规划和干部工作规划（草案）》中认为发展党员要质与量兼顾。党的第八次全国代表大会召开前夕，党员人数已达到原有规模的 2 倍。随后，在党的八大上将支部、总支、基层党委统称为基层党组织，这体现出党的组织覆盖力的增强，联系群众更加紧密。此外，1962 年 10 月组织部召开了全国组织工作会议，讨论并通过了有关解决农村、国营企业、商业企业内棘手问题的试行草案。

三、改革开放新时期

十四届四中全会审议批准的《中共中央关于加强党的建设几个重大问题的决定》中提出要充分改善单位、院校、乡村等场所基层党建工作被削弱的状况。1998 年，在中共中央办公厅印发的《中国共产党和国家机关基层组织工作条例》中进一步完善基层党组织承担的党员、党务工作者培养等工作，以确保各级党组织完成党和国家的各项任务。1999 年 2 月，中共中央办公厅印发了《中共中央农村基层组织工作条例》，规定了中国农村基层党组织的组织体系、职责范围和具体工作任务。2004 年 10 月，《中共中央组织部关于进一步加强和改进街道社区党的建设工作的意见》中指出，各个机构应以本地的乡镇、社区（村委会）党组织为领导核心。中共中央还为农村、国家机关、高等院校、国有企业等单位分别制定了一整套的制度规范，为基层党组织的运作提供了制度保证。

四、新时期

基层党组织要更好地服务于人民，就一定要有过硬的组织力。2017 年，党的十九大规定了新时期基层党组织的工作职责，即“担负好直接教育、管理、监督党员和组织、宣传、凝聚、服务群众的职责，引导广大党员发挥先锋模范作用”。随后，在 2018 年 10 月发布的《中国共产党支部工作条例（试行）》中规范化了党支部建设的各项条例，表明党支部建设发展渐渐成熟。此外，习近平总书记的《在中央和国家机关党的建设工作会议上的讲话》指出“党支部建在司局、党小组建在处室，是中央和国家机关基层组织体系的一个特点”，强调党组织应该延伸到机关的最基本单位，这为新时期的基层党支部组织建设提供了借鉴。2019 年，在党的十九届四中全会中，习近平总书记强调要重视党员干部队伍建设，树立党员干部大局意识。截至 2022 年年底，中国共产党党员总数为 9804.1 万名，比上年净增 132.9 万名。党的基层组织 506.5 万个，比上年净增 12.9 万个。2022 年，党的二十大胜利召开，各行业各领域先进分子踊跃入党，全年新发展党员 244.9 万名。

第二节　党的基层组织的职能

一、党的基层组织在建设时期的职能

党的基层组织的职能定位，必须与时代要求相符，革命党和执政党的基层党组织在职能上是不同的。成为执政党之后，就中国共产党而言，又经历了社会主义建设和改革开放的新时期。党的历史方位的转变促进党的基层组织的职能发生改变，据此，基层党组织的职能也需要进行调试后再定位。从社会主义建设时期来看，从其在整个党组织结构中所处的位置来看，基层党组织在社会主义建设时期应当具备政治职能和社会职能。

（一）政治职能

中国共产党是中国唯一的执政党，具有严密的组织体系。而组织体系就是为政党组织实现政治目标、实现政治抱负等提供的根本保障。没有组织体系保障，政治目标很难达成，而要保障有效，各层级的组织都要做出努力。基层党组织是严密的党组织的构成部分，处于最末端的位置，具有强烈的从属性，这种从属性意味着政治职能履行的刚性。因此，基层党组织在其职能定位上，首要的职能就是要履行好政治职能，为政治组织实现政治目标而贡献力量。政党组织其政治职能的发挥也离不开基层党组织。通常情况下，政党组织其政治职能的发挥主要体现在两方面：①通过对基层政权的控制，将不同社会分工下的部门和社会组织纳入政党制度化的运行轨道中，以增强影响力、凝聚力，从而实现党组织的政治目标；②通过履行政治录用，特别是将分散在社会基层中的力量和资源吸纳到政治体系中来，有效规避和化解利益冲突矛盾，调节各种力量对比，从而达到把一切力量都集中到实现政治抱负的目的。

（二）社会职能

基层党组织除了要为实现政治使命而努力之外，作为一级组织体系，其也要具有相对的自主性。这种自主性要求基层党组织在坚决贯彻党中央精神的同时，要结合地方实际和基层要求开展工作，这种要求就需要基层党组织具备社会职能，有效协调、整合社会上的各种资源。

从事利益表达和整合社会利益的各种组织并不少见，但是政党组织因为以比较专业的结构化方式进行利益表达和整合利益，这种可控范围内的效率计算符合政治人的理性选择逻辑，也为政党的产生和发展提供了根本支撑。政党对多元的社会中所发生的种种利益予以呈明，使之显现于政策管理上，这属于政党的重要任务。政党对所代表的阶级、阶层或集团、愿望、要求、意见等加以分析、筛选、综合，变成政党的政策主张，影响政府的活动，或者执政时在政府运作过程中贯彻执行。这种整合方式带来的影响和力度是其他组织无法比的。实现这种整合主要是靠基层组织的努力，由此，基层党组织的另一大职能就是要履行好社会职能。

而且，随着社会的发展进步，党的基层党组织的职能定位不再只考虑权力运作本身，而试图做到与社会结构和基层发展相契合。以服务群众、做群众工作为主要任务，加强基层服务型党组织建设。服务型政党和基层服务型党组织建设的开展，是中国共产党在马克思主义群众史观指导下的具体实践，更是考虑到基层社会的复杂情况和深刻变迁，及时调整基层党组织的职能重心，更加强调突出基层党组织的社会职能而做出的正确决策。

二、基层党组织在改革开放时期的职能

（一）推动发展

首先，实现新时期党的目标任务的需要。1978 年以来，党实现了向以经济建设为中心的工作重心的转移。“聚精会神搞建设，一心一意谋发展”成为新时期党的重要任务。党

是由中央组织、地方组织和基层党组织形成的高度统一的有机整体，在这个完整的体系里，基层党组织是党的组织体系的基础，党是通过遍布在全国各地、各条战线和各个单位的基层党组织，把千千万万党员凝聚、组织起来，成为一个有统一思想、统一行动和强大力量的整体。推动发展这个“第一要务”，最终需要基层党组织去贯彻和落实。

其次，保持中国共产党的先进性所需。党的先进性是发展变化的，不同时期，党的先进性有不同的要求，其表现形式也千差万别。在民主革命时期，党的先进性表现为夺取新民主主义革命的胜利，党团结带领全国各族人民英勇斗争、不怕牺牲，最终实现了民族独立和人民解放；中华人民共和国成立后，这种先进性则表现为站在时代的发展前列，引领时代潮流，从广大人民群众的根本利益出发，坚持以马克思主义的科学理论为指导，科学选择社会主义制度，带领人民群众走上社会主义道路。

党组织在研究解决本地区、本部门、本单位的各种矛盾和问题时，必须紧紧围绕发展这一核心任务。这意味着党组织要敢于探索新的途径，勇于创新，充分发挥本地区、本部门、本单位的潜在优势。同时，党组织也需要深入挖掘群众中蕴藏的发展热情和首创精神，将其转化为推动发展的强大动力。

为了实现这一目标，党组织应该及时总结和推广群众实践中创造的新鲜经验。群众在实践中积累了丰富的经验和智慧，党组织应该主动倾听群众的意见和建议，善于从群众中汲取智慧，并将其转化为指导工作的有益经验。这样不仅可以提高党组织的工作水平，还可以扩大党的群众基础，增强党的凝聚力。

党组织的使命是为了发展好、满足人民群众对美好生活的向往而贡献力量。这就要求党组织要紧密联系人民群众的根本利益，关心人民群众的疾苦，为人民群众的利益而奋斗。只有站在人民的立场上，深入了解人民的需求和期盼，才能够制定出符合实际、切实可行的发展方针和政策，推动实现人民的美好生活梦想。

（二）凝聚人心

改革开放的新时期基层党组织应当承担凝聚人心的职能。之所以要明确这样的职能定位，主要由于以下方面：

首先，满足利益主体多元化和利益需求多元化。多样化的需要是各级党组织面临的主要任务。改革开放以后，利益主体逐步向多元化方向发展，不同的利益主体有不同的利益需求，在利益主体和利益需求日趋多元化的背景下，基层党组织作为党与最广大人民群众相联系的纽带，其开展的工作要达到凝聚人心的目的。要深入了解各利益主体的利益诉求，解决利益矛盾，协调利益关系，满足利益需求，真正地服务好基层群众，实现党的宗旨，把各方面的力量团结起来，巩固党的执政基础，共同为实现“两个一百年”奋斗目标努力奋斗。

其次，满足广大群众对党的新期待的需要。人民群众对党的高度信赖，源于战争年代共产党员的先锋模范作用，更源于党组织在艰苦的条件下与人民群众心连心，坚定地与群众站在一起，为实现最广大人民群众的根本利益而浴血奋战、不怕牺牲。基层党组织承担着团结群众、教育群众、动员群众、组织群众的重要职责，在党的形象受到损害的情况下，基层党组织要做到真正以人民为中心，不仅要倾听群众的呼声，反映群众的意愿，时刻把人民群众的冷暖放在心上，想群众所想、急群众所急；而且要善于宣传党的政策、教育群众，以实际行动满足人民群众对党的新期待，从而凝聚起人心，把群众紧紧地团结在共产党的周围。

（三）服务群众

改革开放新时期的重要特征就是要在中国建立和完善社会主义市场经济体制。而在社会主义市场经济条件下，党要更多地运用服务的手段进行活动。党的生命力、创新的源泉，均来自为人民服务。基层党组织直接面对千百万群众，肩负着服务广大群众的重要职责，分布广泛的基层党组织的良好服务行为比任何宣传、说教都更富有感染力。这就要求基层党组织强化服务职能，而且让服务职能实现经常化、制度化。例如，在城市社区和农村基层都要建立党员服务中心，创新党员联系、服务群众的途径和方式；还要深化和拓展党员责任区、党员承诺、设岗定责、结对帮扶、党员义工、党员志愿者等服务机制，建立和落实党员领导干部联系基层、接待群众等机制，切实帮助群众解决各种问题；积极组织协调有关方面为农民工提供就业、社保、住房、医疗、子女教育等服务。

第三节　新时代党的基层组织建设的重大意义

一、实现党宏伟目标的客观需要

党的十九大对全面建设社会主义现代化国家、全面推进中华民族伟大复兴的宏伟目标做了两个阶段的总体战略安排。党的二十大制定了当前和今后一个时期党和国家的大政方针，描绘了以中国式现代化全面推进中华民族伟大复兴的宏伟蓝图，吹响了新征程上奋进的时代号角。

一方面，基础雄厚，持续向好。改革开放和社会主义现代化建设取得巨大成就，创造了经济快速发展和社会长期稳定两大奇迹，为全面建设社会主义现代化国家奠定了坚实基础、创造了良好条件、提供了重要保障。正如习近平总书记所说的，我国发展仍具有党的坚强领导、中国特色社会主义制度的显著优势、持续快速发展积累的坚实基础、长期稳定的社会环境、自信自强的精神力量等诸多战略性的有利条件。

另一方面，形势继续发生深刻复杂变化，风险挑战增大。当今世界百年未有之大变局正加速演进，世界之变、时代之变、历史之变的特征更为明显。我国发展正处于关键期，人民日益增长的美好生活需要和不平衡不充分的发展之间的矛盾仍然突出，不少躲不开、绕不过的深层次矛盾亟待解决，改革发展稳定的任务更为艰巨繁重，战略机遇与风险挑战并存，不确定难预料因素增多。“全面建设社会主义现代化国家是一项伟大而艰巨的事业，前途光明，任重道远”①，不可能轻轻松松、敲锣打鼓就能实现，不可避免地充满各种各样的“拦路虎”“绊脚石”。而办好中国的事情，关键在党。党的长期执政在很大程度上又取决于基层党组织的战斗力是否坚强、战斗堡垒作用能否得到充分发挥等。因此，必须筑牢基层党组织战斗堡垒，确保党的长期执政，为实现党的宏伟目标提供根本政治保证。

二、进行伟大斗争的必然选择

敢于斗争，善于斗争，在斗争中前进，是中国共产党人的本色，是中国共产党克敌制胜的法宝。面对影响党长期执政、国家长治久安、人民幸福安康的突出矛盾和问题，中国共产党带领人民“义无反顾进行具有许多新的历史特点的伟大斗争”②。由于国际形势的不稳定性、不确定性更加突出，我国作为世界上最大的发展中国家必然会面临许多挑战，中国共产党作为世界上最大的执政党必然会面临更为复杂的执政环境，面临为数众多、广泛领域、越来越复杂、具有许多新的历史特点的伟大斗争。这些是发展进程中难以回避的挑战，是实现中华民族伟大复兴绕不过的门槛。

因此，全党要充分认识这场斗争的长期性、复杂性、艰巨性，增强斗争意识，发扬斗争精神，总结运用斗争经验，做好较长时间内进行伟大斗争的充分准备，提升斗争本领，朝好的方向努力，争取最好的结果。而在这场斗争中，基层党组织始终站在最前沿，能够提供有力的组织保证，发挥巨大的组织优势，凝聚起磅礴伟力。正因为基层党组织的坚强有力，中国共产党能够有效应对重大风险挑战，确保人民安居乐业、社会安定有序、国家

---

①习近平. 贯彻落实新时代党的组织路线 不断把党建设得更加坚强有力［J］. 求是，2020（15）：4.

②姚桓. 自我革命是应对执政考验的战略举措［J］. 探索，2018（4）：112.

长治久安。

三、促进基层党建高质量发展

基层党组织居于基层社会中、组织体系的末端，是党的组织体系中的基本单位。它将全体党员组织起来，使党形成一个有统一意志、统一目标、统一行动的有机整体，担负着直接教育、管理、监督党员和组织、宣传、凝聚、服务群众并引导广大党员发挥先锋模范作用的职责。同时，它是党的工作的落脚点，承担着宣传党的主张、贯彻党的决定、领导基层治理、团结动员群众、推动改革发展的重要使命。显然，基层党建高质量发展是非常必要的。基层党建高质量发展就是基层党建工作在组织设置、带头人队伍建设、党员发展、党内政治生活、制度建设等方面所呈现出的优质高效的发展状态。它由多种要素构成：

（一）政治要素

政治要素在党组织的工作中起着至关重要的作用。作为党员和干部，必须时刻紧密围绕党章及党内法规的规定行事，遵守党的纪律和组织原则。在新时代党的建设的总体要求下，要牢记党的宗旨，坚持党的领导，以党的事业为中心，将自身的一切行动都纳入党的中心工作的大局之中。

“围绕中心、服务大局”是党组织的基本原则。围绕中心，即以党的中心工作为核心，统一思想、统一行动，全心全意为党和人民事业服务。这意味着要始终把党的政治路线和各项决策部署作为行动的指引，坚决维护党中央权威和集中统一领导。只有紧密围绕党的中心工作，才能确保党组织的行动与党的意志保持高度一致，推动各项工作不断取得新的成果。同时，服务大局是党组织的使命和责任，要让个人的利益服从于党和人民的利益，坚持为人民服务的宗旨，为实现国家的发展和人民的幸福不懈努力。作为党员和干部，要时刻关注国家的大事、人民的呼声，积极参与和支持国家重大决策和改革发展举措，为促进社会的和谐稳定、经济的繁荣发展贡献自己的力量。

在实践中，“围绕中心、服务大局”的要求需要贯彻于党的各个层级和各个方面。党组织要加强党性教育，引导党员和干部始终保持政治上的清醒和坚定，增强为人民服务的意识和能力。同时，要加强组织领导，建立健全党内监督机制，确保党的政策和决策能够顺利贯彻执行。此外，还要加强党风廉政建设，严肃党内政治生活，坚决反对任何形式的官僚主义和形式主义。

只有充分发挥政治要素的作用，紧密围绕中心、服务大局，才能确保党组织始终保持旺盛的生命力和战斗力，推动党的事业不断前进，为实现中华民族伟大复兴的中国梦做出新的更大贡献。

（二）科学要素

科学要素，即反映科学规律，运用科学理论，采用科学方法。作为党员和干部，应始终反映科学规律，运用科学理论和采用科学方法，以推动党的事业和国家发展的科学性和智慧。

反映科学规律是科学要素的核心。应深入学习和理解科学的基本原理和规律，不断更新自己的知识储备，提高对社会、经济、文化等方面发展的认知能力。只有准确把握事物的本质和内在联系，才能做出科学的判断和决策，推动工作朝着正确的方向前进。

运用科学理论是科学要素的重要体现。党组织要加强对各领域的科学理论研究，将科学理论运用于实际工作中，为问题解决和决策制定提供科学的指导。科学理论的应用不仅可以提高工作的效率和质量，还可以推动创新和进步。密切关注国内外科技发展的动态，吸纳和运用前沿科学理论，不断提高自身的科学素养。

采用科学方法是科学要素的具体体现。在工作中，要善于运用科学方法进行分析、研究和解决问题。科学方法包括观察、实证、假设和验证等步骤，可以帮助人们准确把握问题的本质，找到解决问题的有效途径。在工作中，要注重数据的收集和分析，借助科学技术手段进行模拟和实验，以科学的态度对待问题，确保工作的科学性和可行性。

科学要素的贯彻落实需要党组织加强对党员和干部的科学教育和培训。要提高党员和干部的科学素质，培养科学思维和科学方法的运用能力。同时，要加强科研机构和学术界与党组织的密切合作，推动科学研究成果的转化和应用，不断拓展党组织的智力支持和决策依据。

通过充分发挥科学要素的作用，党组织可以更好地应对复杂多变的现实问题，推动工作的科学性、务实性和创新性。科学地观察、分析和决策可以提高工作的效率和质量，为实现中华民族伟大复兴的中国梦做出更为重要的贡献。

（三）效能要素

效能要素是指在组织管理和工作实践中，追求投入少而收益大的原则，以及将质量标准贯穿于建设全过程，以实现在数量、质量和持续性方面的优质高效表现，进而不断提升基层党组织的先进性和纯洁性。

在效能要素的实践中，投入少而收益大的追求是通过优化资源配置和提高资源利用效率来实现的。这要求组织和管理者对资源需求进行准确评估，并在满足工作要求的前提下，避免浪费和低效。有效的资源管理可以最大限度地提高工作效率和产出，从而实现资源的最优化配置。

另一个关键要素是将质量标准贯穿于建设全过程。这意味着在工作的每个环节和阶段都要确保质量要求的落实。通过建立科学的质量管理体系、制定明确的质量指标和评估标准，以及加强过程控制和监督，可以有效确保工作的质量和可持续性。在数量、质量和持续性方面体现优质高效，意味着不仅要关注工作的产出数量，还要注重工作的质量和长期效益。优质高效的表现要求工作过程中的每个环节都能够精益求精、追求卓越，并通过持续改进和创新来提升工作效能。

实现效能要素的目标还需要不断增强基层党组织的先进性和纯洁性。这要求党组织在实践中坚持正确的党的路线、方针和政策，加强自身建设，提高党员干部的素质和能力水平，确保组织的政治纯洁性和行为廉洁性。通过不断提升党组织的先进性和纯洁性，可以有效推动工作的高效实施和持续发展。

（四）系统要素

系统要素，即思想同心、目标同向、部署同步、工作同力，内容全面、系统协调、运行有效。

思想同心是系统要素的核心之一，它要求系统内的所有成员都要保持思想上的一致和团结合作。这意味着共同认同系统的价值观和目标，遵循统一的工作理念和思维模式，以及形成共识并积极配合，共同努力推进系统的发展和目标的实现。

目标同向是指系统内的各个成员应当朝着相同的目标方向努力。这要求系统的目标明确、具体，并能够统一各个成员的行动和努力。通过确立明确的目标，可以使系统内的工作更加有针对性、有动力，并提高工作的效率和成效。

部署同步是指系统内的各个部门和成员在工作的规划和部署上要保持同步。这要求系统内的各个部门和成员能够根据系统整体的需要和要求，进行协调、配合和统一行动。通过合理的部署和协同工作，可以最大限度地提高资源的利用效率和工作的整体效能。

工作同力是指系统内的各个成员要形成协同合作、共同奋斗的工作态势。这要求系统内的成员能够相互支持、相互配合，形成良好的工作氛围和团队合作精神。通过共同努力和协作，可以充分发挥系统内的协同效应，提高工作的效率和质量。

内容全面是指系统内的工作要涵盖各个方面和环节，确保全面推进系统的发展和目标的实现。

系统协调是指系统内各个部门和成员之间的工作相互配合、相互协调，形成整体的工作合力。

运行有效是指系统内的工作具备高效性，即工作流程合理、决策迅速、执行有效，以最大限度地实现系统的效能和成果。

通过系统要素的全面运用，组织管理和工作实践可以实现更好的整体效果和绩效。这要求系统内的各个成员能够意识到系统的整体利益，并以共同的目标为导向，形成紧密的团队合作和协同协作，从而推动系统的高效运行和可持续发展。

（五）持续要素

持续要素是指在组织管理和工作实践中，需要具备一系列的特征和要求，以确保工作的持续性和长期发展。这些要素包括规划科学、计划周密、制度成熟、标准规范以及评价合理等方面。

规划科学是持续要素的关键之一，它要求对组织的发展和工作目标进行科学的规划和设计。科学的规划意味着充分分析和评估当前的状况、趋势和挑战，制定明确的发展目标和策略，以及制订可行的实施计划和行动方案。通过科学规划，可以确保组织的发展与环境的变化保持一致，并具备可持续性。

计划周密是指在实施过程中，需要有系统而周全的计划。这要求制订详细的工作计划、时间表和任务分配，确保各项工作按照预定的步骤和时间节点进行。周密的计划可以帮助组织合理安排资源，提高工作效率和执行力，从而实现工作的持续性和长期发展。

制度成熟是指组织内部的制度和规范需要健全和完善。成熟的制度包括各项管理制度、工作流程和决策程序等，它们应当规范和规定组织成员的行为和权责，确保工作的有序进行和可持续发展。健全的制度可以提供组织内部秩序和稳定性，使工作更加规范、高效和可控。

标准规范是指在工作实践中要建立相应的标准和规范。这包括工作质量标准、安全标准、环境标准等方面，旨在确保工作的质量和合规性。通过明确的标准和规范，可以提高工作的一致性和可比性，为工作的持续性提供可靠的基础。

评价合理是指对工作进行合理的评价和监测。合理的评价应当基于明确的指标和标准，全面、客观地评估工作的进展和成效。通过合理的评价，可以及时发现问题和不足，并采取相应的纠正措施，以保证工作的持续改进和发展。

持续要素的实践要求组织管理者和从业人员注重规划、计划、制度、标准和评价等方面的建设，以确保工作的可持续性和长期发展。这些要素相互关联，相互支持，共同促进组织的稳定和进步。

（六）基础要素

基础要素是组织管理和工作实践中的关键要素，它包括工作责任制的健全、队伍稳定、阵地平台稳固、配套完善和条件有保障等方面。

工作责任制的健全是基础要素的核心之一，它要求建立健全的工作责任制度，明确各级组织和个体在工作中的责任和权限。通过建立明确的工作责任制，可以使工作任务和目标明确，工作过程规范，权责明确，从而推动工作的有效实施和成果的达成。

队伍稳定是基础要素的重要组成部分，它要求建立稳定的工作队伍，确保组织中的人员稳定性和连续性。稳定的队伍可以保证组织内部的人员素质和专业能力的稳定提升，减少人员流动对工作的干扰，同时也有利于形成良好的团队合作和协同效应。

阵地平台稳固是指组织在工作实践中所占据的位置和平台的稳定性和可靠性。稳固的阵地平台可以为工作提供坚实的基础和支持，确保工作的稳定运行和长期发展。这包括建立稳定的组织结构、完善的工作机制以及有效的资源配置，以提供稳定的工作环境和条件。

配套完善是指在工作实践中所需的各项配套措施和支持机制的完备性。这包括建立完善的配套制度和政策，提供必要的技术、人力、物力等资源支持，以及建立良好的合作伙伴关系。通过配套的完善，可以更好地支持和推动工作的开展，提高工作的效率和质量。

条件有保障是指在工作实践中所需的条件和资源得到充分保障。这包括提供必要的物质设施、技术装备、信息系统等，以及提供良好的工作环境和待遇保障。具备充分的条件保障可以为工作提供必要的支持和保障，确保工作的顺利进行和目标的实现。

基础要素的实践要求组织管理者和从业人员注重工作责任制、队伍稳定、阵地平台、配套完善和条件保障等方面的建设。这些要素相互关联、相互依赖，共同构成组织工作的基础和保障，为工作的顺利开展和持续发展提供坚实的基础。

从本质上讲，筑牢基层党组织战斗堡垒，直接反映了提高基层党建质量的要求，是基层党组织全面进步、全面过硬的总体要求。只有抓好了基层党建工作，不断提高基层党建质量，让基层党组织牢不可破、党员队伍坚不可摧，党的根基才能牢固，党和人民的事业才能无往而不胜。

四、基层社会治理现代化的重要保证

基层治理是国家治理的基石和基础工程，是提升社会治理有效性的基础，在很大程度上反映着一个国家治理体系和治理能力的现代化水平。只有不断夯实基层治理这一根基，进而全面推进国家治理体系和治理能力现代化，才能真正实现党的宏伟目标。

党的二十大明确提出，各级党组织要推进以党建引领基层治理。基层治理是一项系统工程，要建立起党组织统一领导、政府依法履责、各类组织积极协同、广大群众广泛参与且自治、法治、德治相结合的治理体系，健全常态化管理和应急管理动态衔接的治理机制，构建网格化管理、精细化服务、信息化支撑、开放共享的管理服务平台，促进党建引领机制更为全面完善、基层政权坚强有力、群众自治充满活力、公共服务精准高效、党的执政基础更加坚实，坚持共建共治共享，建设人人有责、尽责、享有的基层治理共同体，明显提高治理体系和治理能力现代化水平。

因此，要坚持党的领导，筑牢基层党组织战斗堡垒，不断强化基层党组织的领导核心、战斗堡垒和桥梁纽带作用，发挥党的群众工作优势和党员先锋模范带头作用，把党建引领覆盖到基层治理的最前沿以及各层级、各环节、各方面，构建党组织统一领导下的社会协同、公众参与的基层治理体系，真正做到系统、依法、综合和源头治理，使基层治理不断社会化、法治化、智能化、专业化。

第二章 基层服务型党组织建设及其价值意蕴

第一节 基层服务型党组织的内涵与本质

一、基层服务型党组织的内涵

基层服务型党组织的实质和内涵就是“服务”，具体来说包括以下四个方面的内容：

（一）服务基层群众

党从建立伊始，已经走过了100多年的风风雨雨。历史的经验告诉人们，党之所以能够取得辉煌的业绩，战胜一切困难挑战，取得新民主主义革命、抗日战争、社会主义建设等一系列事业的巨大成功，根本在于党一直以来都坚持紧紧依靠群众、发动群众。100多年来，正是因为党始终牢记根本宗旨，才获得了群众的支持和拥护，群众是党的根基、血脉和力量源泉。党制定的各项政策，归根结底都是为了群众利益着想。基层党组织处在党和群众之间，应自觉地担负起桥梁和纽带的作用，将党和服务群众牢牢联系在一起，将团结群众、服务群众作为基层党组织的主题功能进行定位。建设基层服务型党组织，要完善组织设置、扩大其覆盖面，保证党组织与有服务需求的群众零距离，满足其个性化的服务需求。强化党员的服务意识，以服务意识引领党组织建设，着力打造一支素质过硬的党员干部队伍，提高他们在推动发展、政策执行、服务群众等方面的能力，切实维护好最广大基层人民群众的切身利益，赢得群众的信任、支持。

（二）服务基层党员

一直以来，基层党组织一直把党员当作被管理的对象，忽略了他们的权利，只强调其义务，导致党员参与组织活动的积极性降低了。党员是党组织的重要组成部分，是其行为主体，党员对于党组织的重要性就像细胞对于个人。作为管理、服务党员的主要单位，党组织要做好党员服务工作，政治上给予关怀、生活上给予关心、工作上给予帮助，搭建党员交流服务平台，让广大基层党员感受到尊重和关心，对党组织感到家一般的亲切。强化上下沟通机制，主动去适应党员个人思想、队伍结构等方面的变化，将党员日益多样化的需求和党组织的要求结合起来，增强组织感召力。经常性地开展党员交流学习活动，保证党员受教育的权利；对于本地区党内重大决策部署，要征求党员大会的意见，保证其民主权利；对于党员思想上的波动、生活上的困难，要及时了解、主动提供帮助；在党内关怀机制上下大力气，设立单管服务中心，形成工作机制，密切党员与组织、党员与党员之间的关系。

（三）服务经济发展

当前，我国经济结构持续优化，产业结构逐步调整，想要保持经济长期高速稳定发展，就需要将经济结构调整和改善民生相结合，在改革浪潮中稳定心神，协调好科学发展与民生改善的关系。基层党组织作为基层工作的领导核心，对推动经济科学发展有不可推卸的责任，应自觉充当经济发展的实践者、组织者。基层党组织建设要紧紧围绕地方经济发展这个大命题，优化服务载体，做到“精准服务”。将服务型党组织建设融入工业、农业发展中去，增强地方经济发展后劲，增强农民致富能力。基层党组织作为地方经济快速发展的重要保障，应主动引导广大党员切实服务于经济发展的大局，以抓好党建就是促发展为理念，以科学发展观为指引，把握发展规律、破解发展难题，因地制宜、整合资源、发挥地方特色，将政治、组织、体制优势转化成强大的发展动力。

（四）服务社会大局

不谋全局者，不足谋一域。基层党组织直面群众，是党在基层最直接有效的力量。围绕全局、服务中心是基层党组织的指挥棒，能不能把握好本地区社会大局，是衡量党组织战斗力的一个重要标志。要主动去谋划大局、积极服务大局，把组织建设放到本地区社会大局中去谋划和思考，和中心工作相结合，同部署、共推进，提高党组织服务社会大局的水平，使两者在步调上相协调、在目标上相呼应。组织工作应紧扣社会大局，科学定位，创新思路，改进方法，创新社会管理，增强组织工作服务社会大局的主动性、创造性。拓宽组织工作的宽度，社会管理事务繁多、涉及面广、战线也长，基层党组织要主动立足实际、体察民意、反映民情、促进民和，优化党组织资源配置，延伸服务社会大局的触角，维护一方百姓平安稳定。同时要提高服务社会大局的精度，把握时代脉搏，准确找到切入点，突出重点工作和关键任务，使服务水平不断优化。

二、基层服务型党组织的定位

定位是把事物放在适当的位置并做出某种评价。对基层服务型党组织进行一个清晰而有效的定位，有利于服务的主客体，尤其是客体对基层服务型党组织的组织属性、服务功能、服务内容有一个恰当的理解和认知，特别是有利于在基层党建中将基层服务型党组织与学习型党组织、创新型党组织等其他类型的党组织形成一种明显的区隔，使基层服务型党组织在创建的主客体头脑中形成一个具体而确切的含义。

（一）属性定位

政党自产生以后，为了生存与发展，始终就随着社会的政治、经济结构的变化而不断调整和变迁。组织的转型与变革已成为世界政党发展的普遍趋势和一般规律。中国共产党产生以后，特别是成为执政党以后，同样也需要根据自身的目标任务、历史方位以及社会结构的变化而不断进行适应性的调整与变革。建设服务型马克思主义执政党以及基层服务型党组织应该属于政党转型与变革的范畴。基层服务型党组织，在这种世界政党转型变革的大潮中，其组织属性的定位面临以下两个问题：

首先，就组织的政党属性来说。政党自产生以来就一直不停地处在变迁之中。中国共产党作为一个马克思主义政党，自成立以来，也一直在根据党所处的历史方位和面临的环境，不断地在进行自我调适和自我超越。就基层服务型党组织而言，它并不是一种区别于马克思主义政党组织形态的另一种新的政党组织类型或者形态，而只是在理念、功能、活动形式与方式上的一种自我调适和自我革新。

其次，从组织的服务属性来看。基层服务型党组织的服务就是服务群众、做群众工作。理解这个服务有三层意思：①通过做群众工作来服务群众的利益，满足群众的需求，倾听他们的呼声，解决他们的困难；②共产党员是人民的公仆、勤务员，要向人民负责，把对党负责与对人民负责统一起来；③坚持党的群众路线，善于用说服的方法、示范的方法、服务的方法推动工作。

（二）功能定位

功能原是生物学上的术语，是指生物有机体构成要素的功效或作用。这一术语后来衍生到政治学、社会学等其他社会科学。基层党组织作为中国共产党在社会基层的一个组织细胞，毫无疑问是发挥功能取向的。但从党的历史来看，基层组织的功能取向在不同的历史阶段是不一样的。建设基层服务型党组织，大力推进基层党组织强化服务功能、改进服务作风、提高服务能力、完善服务保障，应该说既是对基层党组织功能的一个新认识，也是对基层党组织功能的新定位。

一般来说，基层党组织作为一种组织性存在，其功能显然是目标取向的，同时又受到政党起源、政党结构、国家政体以及外在环境的影响。从历史维度来审视，基层党组织的功能在不同的历史发展阶段，其定位是大不相同，乃至大相径庭的。民主革命时期，中国共产党建立的目的，与欧美西方政党相比，大异其趣。中国共产党的成立首先是为了打破现有的国家机器，夺取政权而成立的。所以，无产阶级政党首先是一个革命党。既然中国共产党的首要目标是为着解放人民大众而革命，而组织又是目标取向的，是为整体的使命而服务的，所以，民主革命时期，中国共产党的革命目标决定了基层组织的功能取向主要是阶级斗争和阶级冲突，可以称之为"斗争型"党组织。尽管这一时期党的基层组织也还履行着利益表达、利益综合、政治动员以及服务群众的功能，但这些功能都是服从和服务于阶级斗争与阶级冲突的。与这个定位相适应，党还确定把"支部建在连上"，使党的基层组织带有了一种半军事化的特征，这反过来又强化着组织的阶级斗争和阶级冲突功能。

在中华人民共和国成立后，中国共产党成了执政党，掌握了公共权力。公共权力的公共属性要求党要成为超越社会各种利益之上的力量，承当利益协调者的角色，设法调和各方面的利益，鼓励社会各方的合作，其基本指向是整合。

所以，基层服务型党组织概念的提出实际上是基层党组织功能的新定位，这一定位的提出是相较于"斗争型"党组织和"全能型"党组织而言的。而要实现这个新定位，要实现两个转变。

第一个转变是在突出"政治属性""政治功能"的前提下增加组织的"社会属性"。首先，政党本身就是一个政治组织，以执掌、参与政权，实现政纲为己任，具有强烈的政治属性。特别是中国共产党作为执政党，它的基层组织与一般的社会组织不同的是，不仅有着明确的政治任务，担负着重大的政治责任，还要彰显出组织的政治特性，凸显出组织的政治功能。也就是说，基层党组织的所有一切工作、一切行为、一切举措都要围绕党长期执政、更好执政来展开，这是基层服务型党组织建设的前提。因此，对基层党组织服务功能的强调，是对党的社会属性的深刻认识，是回归政党社会属性一种表现。它不仅与党的政治属性、政治功能并不矛盾，相反是对党的政治属性、政治功能的一种更好的坚持。党的政治任务、政治责任、政治特征、政治功能只有通过基层组织的社会服务才能更好地彰显出来。

第二个转变是要从"管理"到"服务"的转变。服务是一种社会化、柔性化、非权力性的影响方式。服务的平等性要求服务的内容和方式需要征询被服务对象的意见，要以公民为中心。服务的自愿性决定了是服务而不是恩赐，不能采取强制包办的方式。因此，基层服务型党组织建设要求党深入社会、深入群众、服务公众的方式要从“管理”向“服务”转变，即从过去以自己为中心转变为以公众为中心，从过去主要依靠行政命令来进行服务转变为寓领导、管理于服务，从过去包办恩赐转变为问需于民，最终通过服务的魅力、服务的行动、服务的绩效来赢得被领导者和被管理者的认同，使其自愿服从领导者、管理者的指示与号召。

（三）内容定位

中央把基层服务型党组织建设定位为“五个服务”，即“服务改革、服务发展、服务民生、服务群众、服务党员”。这“五个服务”既是基于基层党组织职责功能的一种考量，也是对基层党组织适应新情况新问题的一种要求，更是对基层党组织服务内涵的一个总体性概括。

1. 辩证统一的有机整体

（1）“五个服务”的核心在服务。服务是基层党组织一切工作的出发点、着力点和落脚点。判断一个基层组织是不是服务型党组织，关键要看理念是否凸显服务、功能是否定位服务、工作是否紧扣服务、重心是否转向服务、任务是否聚焦服务、考核是否突出服务。

（2）“五个服务”的根本指向是服务群众。从基层服务型党组织的本质要求来看，服务群众既是马克思主义政党“质”的规定性，也是实现政党使命与功能的主要途径，还是党最可宝贵的政治优势和制胜法宝，党的一切奋斗和工作都是为了服务群众，让群众过上更好的生活。从“五个服务”的具体内容来看，尽管“五个服务”的内容各不相同，但群众是服务改革的主体、发展的终极目的、改善民生的载体、党员工作的对象，所以，“五个服务”的根本指向就是服务群众。

（3）“五个服务”并不是彼此分割、毫无联系的，它们之间既有区别，也有联系，是一个辩证统一的有机整体。

首先，服务改革与服务发展不可分离。服务改革是为了促进服务领域的发展，而在当前情况下，服务领域的发展首先需要进行改革。发展是当务之急，但实现发展也需要通过改革来推动；同样地，改革是最重要的动力，但如果改革脱离了发展的目标，将失去其意义。在当代社会，发展是一个国家、组织或个人追求的核心任务。为了实现发展目标，必须进行系统、深入的改革。通过改革，可以打破僵化的体制机制，解决制约发展的各种瓶颈和问题，激发内生的创新动力，推动社会经济的良性发展。然而，改革不是为了改革而改革，也不能脱离了发展的需要。改革必须紧密围绕发展目标，服务于发展的大局。只有在发展的导向下，改革才能具备方向性和针对性，推动系统内部的优化升级，为发展提供有力的支持和保障。同时，改革也是推动发展的最重要动力之一。通过改革，可以不断破除旧有的体制弊端，激发各方面的创新能力，提高经济效率和社会效益。改革的推动力使得发展能够持续发展和进步，适应时代的需求和挑战。

因此，服务改革旨在通过改革来促进服务领域的发展，为发展提供有力的支撑。在推进服务改革的过程中，要牢记发展是根本目标，改革是重要手段。只有把改革与发展紧密结合起来，才能实现可持续的发展和持续的改革，为国家、组织和个人的繁荣和进步做出积极贡献。

其次，服务民生与服务群众不可分割。服务民生归根结底是为服务群众，而服务群众需要以改善民生为载体。当然，二者有联系，也有区别。服务民生侧重生产生活层面和社会管理；服务群众，侧重坚持党的群众路线，尊重群众主体地位，体现为了群众、相信群众、依靠群众、引导群众，这也是对转变工作方式、改进工作作风的要求。

最后，服务党员与服务群众不可分裂。由于党员既是服务者，也是被服务者，是主客体的统一，所以服务好党员可以更好地去服务群众，服务群众则需要通过服务党员来调动主体的积极性。①服务好党员对于更好地服务群众具有重要意义。党员是党的先锋队伍和骨干力量，他们承担着领导和组织群众工作的重要责任。通过为党员提供全面、优质的服务，可以增强党员的凝聚力和战斗力，激发他们更好地履行自己的党员职责，更好地为群众服务。同时，服务好党员也可以提高党员的工作积极性和创造力，使其在服务群众的过程中发挥更大的作用。②服务群众需要通过服务党员来调动主体的积极性。党员作为广大群众的代表和连接纽带，他们了解群众的需求和利益，可以有效地反映和传达群众的声音和诉求。通过为党员提供优质的服务，可以提升党员对群众需求的了解和关注度，增强党员对于为群众提供服务的责任感和使命感，从而调动其积极性，更好地履行为群众服务的职责。

党员与群众之间的相互关系是一种有机的互动关系。服务党员和服务群众相互依存，互为条件。只有通过服务党员，提高党员的素质和能力，充分发挥党员的示范引领作用，才能更好地服务群众，满足群众的需要和利益。而服务群众则需要通过服务党员来调动党员的积极性和创造力，实现党员队伍的优化和提升。因此，党员与群众的服务关系是相辅相成的，只有充分发挥好党员和群众的双重角色，实现服务者和被服务者的统一，才能够更好地推动党的事业发展，为群众创造美好生活，实现共同的理想和目标。

2. 不同层次、不同领域有所不同

从纵向来看，作为一个整体，无论是中央组织，还是基层组织，都要履行体现“五个服务”的职责。但是由于各种环境条件的限制，不同层次的组织履行体现“五个服务”职责的侧重点并不是上下一般粗，完全相同的。中央、省市组织由于服务的间接地位，决定了主要是把握“五个服务”的方向以及制定正确的路线方针政策来体现“五个服务”。基层组织身处服务一线，直接面对微观的组织或个人，因而不可能和中央或省市一样，而是主要执行“五个服务”的政策方针，体现为一种具体的服务行为、服务行动。

从横向来看，农村党组织、国有企业党组织、街道社区党组织、机关党组织、事业单位党组织、非公有企业党组织以及社会党组织在履行“五个服务”职责时的侧重点也不是左右一般齐，完全相同的。比如，农村党组织的侧重点在于“要围绕推动科学发展、带领农民致富、密切联系群众、维护农村稳定”来落实搞好“五个服务”；国有企业主要“围绕生产经营和队伍建设”来落实搞好“五个服务”；街道社区侧重围绕“建设文明和谐社区”来落实搞好“五个服务”；高校党组织要围绕“立德树人、促进学生德智体美劳全面发展”来落实搞好“五个服务”等。所以，作为基层党组织而言，一定要找准自身工作的侧重点和着力点来开展服务，提升服务。

（四）关系定位

服务型党组织的建设在今天的基层党建中并不是孤立的，它只是学习型、服务型、创新型“三型”党组织中的一型，因此，它还面临着怎样处理好与学习型、创新型党组织的关系。总的看来，这三者是有机统一的，共同统一于马克思主义基层党组织的建设当中。

1. 学习型党组织是建设服务型、创新型党组织的前提和基础

（1）学习型党组织是建设服务型党组织的前提和基础。学习既是党的优良传统，也是革命、建设和改革开放事业不断取得胜利的一条基本经验，同时也是一个组织始终走在前列，永葆活力的唯一途径。当前，基层党组织不仅面临着四大危险、四大考验和各种挑战，还要进行长期的、顽强的、各种各样的、多方面的工作，需要有必要的知识、经验和技能来迅速而正确地解决各种复杂问题，这对基层党组织通过学习来提升服务的本领与能力提出了迫切的要求。比如，面对深刻变化的舆论格局与信息时代，需要基层党组织通过学习来掌握现代科学技术，提升服务群众的手段；面对空前复杂、高速流变的服务环境，需要基层党组织通过学习来克服党员干部的本领恐慌，提高服务群众的能力等。

由此可见，建设基层服务型党组织，如果没有坚定的服务意识、过硬的服务本领、有效的服务方法，不可能实现“五个服务”。而学习是有效养成服务理念、提高服务本领、掌握服务方法的有效途径，只有通过不断学习才能提高基层党组织党员干部的服务能力与

服务水平。

（2）学习型党组织也是建设创新型党组织的前提和基础。学习和创新本身就是相辅相成、互相促动的。从学习的角度来看，任何创新都不是一种自发状态，也不是一种凭空捏造。学习是创新的基础与前提，没有学习，何来创新？就学习型党组织和创新型党组织而言，通过学习型党组织的创建既可以更新组织观念，增进组织对新观点、新事物、新情况、新挑战的理解，从而增强组织的创造性，也可以提高组织的创新执行力，提升党员领导干部发现问题、解决问题的能力。

2. 服务型党组织是建设学习型、创新型党组织的目标导向

中国共产党的一切工作与奋斗目标归根结底都是为了服务群众，增进人民福祉。所以，无论是学习型党组织建设，还是创新型党组织建设，归根结底，都要落脚到为人民服务上来。具体到“三型”党组织建设上，都要落脚到服务型党组织建设上，以服务型党组织建设为核心，围绕服务型党组织来进行。

（1）服务型党组织回答了“为什么”的问题。学习型党组织和创新型党组织的建设成效最终要从服务群众、做群众工作上来体现。否则，脱离了服务群众的本质，学习形式再活泼、学习内容再丰富、学习气氛再火热，也不免流于形式、失去意义。同样，脱离了为群众谋福祉的宗旨，创新想法再新颖、创新体系再完善、创新载体再丰富、创新方式再多样也不免缺乏价值取向、实践依归。

（2）学习型、创新型党组织建设要围绕服务型党组织建设而进行。学习型党组织要以服务为中心，以提高服务本领和服务能力为目标，以更好地服务群众作为检验学习型党组织建设的成效和根本标准。创新型党组织建设，不仅要落脚到创新服务理念、创新服务载体、创新服务格局、创新服务的方式与方法，尤其重要的是要转变更新观念，做到服务的与时俱进。通过学习与创新，从而真正把基层党组织建设成为从过去替民做主转变为让人民当家做主，从过去以包办恩赐为主转变为以群众需求为主，从过去高高在上关门服务为主转变为沉下身段开门服务为主，从过去以组织为中心、群众跑腿求服务为主转变为以群众为中心、主动上门找服务为主。

3. 创新型党组织是建设学习型、服务型党组织的动力与保障

（1）创新型党组织建设是学习型、服务型组织建设的动力源泉。时代的发展与社会的变迁极大程度地改变着社会的组织方式和生活方式。在市场化、网络化、全球化三大驱动力量的塑造下，基层民众的生活、学习、交往、需求、思维、表达等各方面的方式都发生深刻的变化。过去一些对基层行之有效的学习模式、服务方式在新的历史条件下不再有效，过去一些对基层管用的传统学习方法、做群众工作的方法在新的形势下亟须转型。在这种情况

下，只有通过创新型党组织建设才能为基层党组织的学习、服务提供新思路、新举措。

（2）建设创新型党组织是学习型、服务型党组织建设的有力保障。当前部分基层组织设置不尽合理、隶属关系不太顺畅、领导班子软弱涣散、工作制度不太健全、经费保障缺乏等。中央提出了优化组织设置、理顺隶属关系、创新领导班子选拔培养机制、健全服务机制、完善服务保障等一系列指导意见，这些都属于创新的范畴、创新的任务。通过一系列理论、制度和实践上的创新，必然会为学习型与服务型党组织的建设提供一个良好的环境，从而有效推进学习型与服务型党组织建设。

第二节　基层服务型党组织建设的理论依据

中国共产党的宗旨是为人民服务，基层服务型党组织建设正是顺应时代形势，在现阶段党的基层组织实现为人民服务的基本要求与基础工作。抓好基层服务型党组织建设，是党对执政规律的深刻认识和把握，是新时期完成党的执政使命的需要，应该成为当前开展党的群众工作的一个重要抓手。同时，还应该成为新时期坚持群众路线的新内容和新起点，成为巩固党的执政地位、执政基础的新共识和新要求。

第一，建设基层服务型党组织，是建设学习型、服务型、创新型马克思主义执政党的基础工程，对于密切党同人民群众的血肉联系，提高党的执政能力、夯实党的执政基础，具有重要意义。随着我国经济社会深刻变革，群众服务需求日益增多，特别是发展进入新阶段，改革进入攻坚期和深水区，许多改革发展稳定举措直接关系群众切身利益。面对新形势新任务，基层党组织要转变工作方式、改进工作作风，把服务作为自觉追求和基本职责，寓领导和管理于服务之中，通过服务贴近群众、团结群众、引导群众、赢得群众。各级党组织要充分认识加强基层服务型党组织建设的重要性紧迫性，以服务型党组织建设引领基层党建工作，使服务成为基层党组织建设的鲜明主题，推动基层党组织在强化服务中更好地发挥领导核心和政治核心作用，使党的执政基础深深植根于人民群众之中。

第二，建设基层服务型党组织，要高举中国特色社会主义伟大旗帜，以服务群众、做群众工作为主要任务，以改革创新为动力，以群众满意为根本标准，围绕中心、服务大局，分类指导、统筹兼顾，大力推进基层党组织强化服务功能、改进服务作风、提高服务能力、完善服务保障，不断增强创造力凝聚力战斗力，充分发挥基层党组织战斗堡垒作用和党员先锋模范作用，促进全面深化改革，为实现中华民族伟大复兴的中国梦提供坚强组织保证。

第三节　基层服务型党组织建设的现实逻辑

一、政治逻辑

（一）基层服务型党组织建设是接受危机挑战的需要

首先，从党面临危机与挑战的接触面来看，并不是党的整体或者每一个部分都直面这种危险和挑战，而是党的基层组织处在这种挑战与危险的最前沿。

其次，从党的执政基础来看，党的执政之基在基层，基层党组织及其党员干部处在经受考验、克服危险的第一线。

所以，无论从党面临危险的接触面来看，还是从基层党组织所处的地位来看，迫切要求加强基层党组织与群众的联系，创新基层党组织服务群众的方式与方法，增进基层党组织与群众的感情是克服和应对危机挑战的必要之举。而基层服务型党组织建设，以服务为纽带贴近群众、团结群众、引导群众、赢得群众，能够进一步密切党群干群关系，使巩固党的执政基础和执政地位具有广泛、深厚、可靠的群众基础。

（二）基层服务型党组织建设是重构合法性资源的要求

合法性可以从两方面来衡量，一是政治系统获得社会服从、拥护和支持的程度；二是政治秩序被认可的价值，即被认为是合理的、正当的。一般而言，合法性是一个执政党赖以生存和延续执政地位的基础。

从历史上看，中国共产党是通过革命而获得执政地位的。党的合法性资源主要来源于革命斗争、意识形态、领袖魅力、道德优势、民族主义以及执政的经济绩效。这些合法性资源一度得到了广大人民群众的认同，从而为党赢得了执政地位并在很长一段时期巩固了党的执政基础。但是，21 世纪以来，随着环境的变化，党所拥有的合法性资源出现了或多或少、或隐或显的流失。这个流失可以从三个方面来衡量：一是人民群众，二是党自身，三是客观环境。

从人民群众来看，过去中国共产党的执政地位是历史的选择、人民的选择，这个说法本身是没有问题的。问题在于人民的选择是具体的历史的，而不是一劳永逸、一次性的。历史上的选择认同不等于永远的选择与认同，随着参与革命一代的谢幕和耳闻目睹革命一代的离去，取而代之的是对革命极其陌生的一代。代际的更替必然要造成革命红利的逐渐消失，过去建立在革命斗争、意识形态以及革命领袖个人魅力之上的合法性资源必然要面临重构的局面。

从党自身来看，在中华人民共和国成立之后，党通过发展经济，提高人民群众的物质生活水平来开发自己的合法性资源。但是经济增长本身也有一个边际效益递减的问题，过分追求经济增长也会相应地凸显政治绩效问题，而且能否持续高速地保持经济增长也是一个值得考虑的问题。

从客观环境来看，市场化和信息化的发展，使民众获得了一定程度上的相对于主流意识形态的意识的独立性。全球化则把西方多元文化形态下的价值观裹挟进来，严重影响并挑战着主流意识形态的合法性。

由此可见，开发并重构党执政的合法性资源是一个非常现实而又紧迫的问题。无疑，对一个依赖组织体系来活动的执政党来说，基层党组织的重要性是不言自明的。换言之，源自基层的合法性只能是通过基层去解决，来自群众的认同只能是从群众身上去着手。基层服务型党组织建设，就是培育和耕耘党执政合法性资源的一条主要途径。服务群众、做群众工作不仅可以推动基层党组织在强化服务中更好地发挥“两个核心”的作用，也可以使党的执政基础牢固地植根于人民之中。

（三）基层服务型党组织建设是转变党组织功能定位的需要

随着社会形态的逐步转型和社会结构的日益分化以及党自身要实现“两个历史转变”要求的提出，党对基层党组织所承载的功能提出了适应性调整与变革的新要求。大致从20世纪末、21世纪初开始，转变党组织功能定位逐步从被动到主动，从不自觉到自觉，从突出政治属性、政治功能到兼重社会属性、服务功能。基层服务型党组织建设就是基层党组织功能转变的新阶段，体现着党对政党本质和政党功能的深刻认识，以及对基层党组织政治属性和服务功能的辩证把握。也就是说，中国共产党作为执政党，要求基层党组织不仅仅要具备社会属性，更要具备政治属性。在社会形态逐步转型和社会结构日益分化的情况下，在把握党组织基本的政治属性的前提下，建设基层服务型党组织实际上也是转变党组织功能的现实需要。基层党组织只有承载起“协调社会、整合社会、服务社会”的使命，才能赢得社会，凝聚群众。

二、经济逻辑

（一）市场经济主体的独立地位

1. 独立主体增多

一般来说，基层党组织面对的往往都是一些具体而微观的主体。但在计划经济时期，基层党组织面对的主体较为简单，概括来说就是“两阶级一阶层”。在个人权利意识尚未萌发、利益高度同质化的时代，基层党组织还可以通过单位制和街居制以权力和行政命令的方式和手段来调动资源，动员民众。但是，市场经济的推进改变了这一切，社会在过去同质化人口的基础之上日益分化出了具有独立利益与主体意识的多元化主体。

2. 权利意识增强

计划经济时期，个体相对于组织而言，往往是一种依附性存在。但是，市场法则逐渐把权利从权力中独立出来，使市场主体不再附属于权力而有了一定的自主性空间以及对物质资源和劳动资源的支配权。

（二）市场经济固有的运行逻辑

1. 具备固有的行为逻辑

市场经济以个体的独立性为前提，以平等、效率、秩序为基础，以个人权利的自由交易为核心，以等价交换、契约关系、意志自由为原则。这种逻辑意味着交换主体的独立、自由以及不同主体之间的分工协作，这种协作更大程度上是一种由市场支配的秩序，而不是党组织或政府通过权威力量所能控制的。这种逻辑还意味着贴近市场主体的基层党委政府行使行政权力的范围、力度和方式都发生了变化。

2. 资源配置方式改变

计划经济时代，基层党委政府可以直接配置资源，基层党组织可以直接调拨资源来动员民众、干预社会。但在市场经济条件下，市场成了资源配置的权威主体。相应而言，基层党组织掌握的资源大大减少，失去了过去赖以发挥作用的条件，这向党组织提出了转变活动方式和行为方式的要求。市场经济固有的运行逻辑以及资源配置方式的变化，要求基层党组织必须适应市场经济的运行逻辑，转变自身功能，逐步摆脱对行政化、管理化、强制命令手段的过分依赖，注重发挥党组织的引导、说服和服务的功能，通过服务在权力达得到的范围和达不到的范围来团结群众、凝聚人心。

三、社会逻辑

（一）社会领域的成长

社会领域在改革开放和市场经济的条件下不断发展并壮大起来，一般而言它包括无组织部分和有组织部分。无组织部分是一个纯粹的私人领域，在这个领域，人们可以自由地选择自己的生活方式，可以自由地追求和选择兴趣和爱好，可以自由独立地进行经济文化消费，等等。这一领域随着改革开放和市场经济的推进不断生长发育，已经成为社会的一个重要组成部分，培育了人们的自由、独立、自主意识。有组织的部分是指各种民间组织，主要包括民办非企业单位、社会团体和基金会三大类。

社会领域的成长，无疑对基层党组织与基层社会的关系构成了直接或间接挑战。社会的独立不仅使基层党组织对基层社会进行高度行政化的控制变得不可能，而且还对政党社会的一面提出了要求，要求基层党组织进一步回归社会，增强党组织对社会的人文关怀和服务功能。

（二）公民意识的觉醒

公民意识是公民对于自己的国家主人地位、应享受的权利和应履行的义务的自觉意识。随着社会领域的成长，公民意识也不断觉醒。尽管对公民意识的觉醒程度，学术界还有不同的看法，但是谁也无法否认公民参与公共事务的积极性、履行社会责任义务和维护个体权益的意识日益在增强。公民意识的觉醒和增强对基层党组织尊重民众的主体地位和权利，转变功能定位，改进工作方式、工作作风提出了鲜明要求。

第四节　基层服务型党组织建设的价值意蕴

一、基层服务型党组织建设的国家社会价值

做好服务群众的工作是建设基层服务型党组织的重点要求，这样的结论是因为基层服务型党组织建设对推进国家治理体系建设，提升治理能力的现代化水平有重要的作用。同时，中国特色社会主义事业是党的事业，按照党中央的决策部署，要从政治、经济、文化等方面全面推进。基层服务型党组织建设对推进政治、经济、文化建设有非常重要的作用。

（一）提升国家社会治理能力现代化的价值

推进国家治理体系建设，提升治理能力的现代化水平是党对于国家建设提出的明确要求，基层服务型党组织建设对于落实其要求有非常重要的助推作用。

推进国家治理能力现代化是一项非常繁杂的工作，需要各级组织的努力。但是最重要的、最基础的工作是在基层。如果基层治理能力和水平不高的话，就会影响国家治理能力现代化水平的提高。而只有解决好“给予型”基层党组织的缺陷，使基层党组织深度融入其他组织，才能提高治理水平，基层服务型党组织建设就是解决缺陷，实现融入的有效路径。

国家治理体系和治理能力现代化包含党的执政能力现代化，而且政党的现代化能力水平决定了国家治理能力的现代化水平。因此，政党现代化能力的提升非常重要和必要。提升政治现代化水平有大量的工作要做，其中大量的基础性工作在基层，比如，乡村治理、社区治理，还有社会治理，等等。这些都与基层政权有关，与基层党组织更是关系重大。因此，需要以加强建设基层服务型党组织为突破点和着力点，在理念创新与机制创新方面进行努力，以强有力的措施共推国家治理体系和治理能力的现代化，实现国家治理理念与治理方式的重要转变。

1. 加快基层服务型党组织的建设

在服务型党组织的创建过程中，基层党组织围绕着强化服务理念、提高服务能力，在与治理对象交流过程中，既要融合当前对象，还要融合潜在对象、外在治理对象、内部对象等，而且还要在深入融合上进行努力。把握好深度融入的关键环节，熟悉业务流程，依法依规融入，建立健全深度融入机制，以制度确保深度融入取得实效。服务型党组织的创建过程，就是党组织深度融入治理对象的过程，也是实现有效治理的过程。同时，服务型党组织的创建既能把治理、领导与服务有机融合起来，又符合政党运作规律和民主政治逻辑，从而避免了融入客体的政党化和行政化。

2. 发挥基层服务型党组织的优势

（1）融合度高。基层服务型党组织所倡导的服务意识、服务理念、服务技能、服务态度等与当前经济社会的多样化和复杂化相适应，容易得到理解认同，实现了意识融入。同时，基层服务型党组织围绕服务、把服务好党员和社会放在第一位的要求，这样的具体要求落实在机制上，就会选择结构交叉、职能互补、工作互动的方式来构建融入机制，从而实现制度上的深度融入，有了高度的融入意识，还有深度融入机制作保障，就能达到高度融合。

（2）整合能力强。基层服务型党组织的创建，在服务理念的指引下，有很强的整合能力。基层党组织在国家和社会中的最大职能就是保障人民当家做主。要实现这个目标，就要求基层党组织整合全社会各阶层人民群众的利益要求，特别是在基层组织治理范围内的各种组织和阶层的利益。基层服务型党组织在其治理的范围内，因为很强的服务意识和能力，群众喜欢找他们表达愿意，提出诉求，实现自己的利益，这就有利于基层党组织把群众的要求汇聚成总需求，以党的主张和政策措施等形式得到实现。同时，在其治理范围内，一些社会组织以及成员也因为服务型党组织的优点而愿意积极参与政治框架和治理中来表达意愿，从而实现基层党组织对其范围内的全面整合，实现深度融入。

（3）服务质量高。基层服务型党组织的本质就是围绕着服务而展开，因此，高质量的服务是其重要的优点。基层党组织在其治理的范围内，要确保党组织的各种资源要素融入其他组织的治理机制和运作过程中，就必须加强基层服务型党组织建设。有了服务理念做保障，在服务能力提高的基础之上，党组织在参与决策和管理的过程中，党员干部在干事创业的过程中，深度融入各级组织，才能激活各种资源要素的潜能，才能准确、及时提供高质量的服务。

总之，基层党组织融入其他各类组织之中，既是建设基层服务型党组织的根本途径，也是党推动经济社会加快发展，积累执政合法性资源的有效措施。

（二）推动政治、经济文化建设的价值

中国特色社会主义事业是党的事业，按照党中央的决策部署，实施“五位一体”的总体布局的要求，从政治、经济、文化等方面推进非常重要。基层服务型党组织建设对推进政治、经济、文化建设有非常重要的价值。

1. 推动基层民主政治建设

发展社会主义民主政治就是要体现人民意志、保障人民权益、激发人民创造活力，用制度体系保障人民当家做主。贯彻落实党的二十大报告的要求，加强民主政治建设非常重要和必要。基层服务型党组织建设是推进民主政治建设的新载体。改革开放以来，基层民主政治建设得到大大的加强，组织载体日益健全，内容不断丰富，形式更加多样，成效更加明显。建设基层服务型党组织，着力以党内民主带动人民民主，促进民主政治建设。通过组织广大人民群众参与农村村级民主选举、民主决策、民主管理、民主监督的实践，为这些活动开展好服务，活跃农村基层的民主生活，调动村民的积极性，从而实现民主政治建设的目标。

基层服务型党组织建设从组织形式上看是为群众服务，而在实质上是将党务政务活动

公开的过程，是落实群众的知情权、参与权、选举权、监督权的过程，是为人民政治参与提供新模式的过程。目前，我国人民政治参与的形式主要有：发挥人民代表大会的作用，完善人民代表的提名、确定候选人制度，尊重选举人的意愿，落实选民对代表的罢免权利。通过各民主党派广泛了解民意，特别是了解并表达自己所代表的社会利益群体、阶层成员的利益要求和建议，充分发挥自身在国家政治生活中参政议政的职能作用；通过村民委员会、居民委员会和职工代表等基层群众自治制度，落实《宪法》和《村民委员会组织法》《城市居民委员会组织法》的规定，使之真正成为基层群众性自治组织，让广大人民积极有序参与政治。通过大众传播媒介的组织机构，为人民参与政治提供更多机会。

此外，通过人民团体和社会各种专业性群众组织，充分发挥它们在政治参与中的作用。实现上述几种形式的要求，最重要的就是要把服务作为实现人民政治参与的重要手段，把服务党员群众作为基础性工作抓好，以基层服务型党组织建设的成效来实现民主政治建设的目标。

2. 推动经济发展

发展是党执政兴国的第一要务，经济工作是党的中心工作，加强和改善党对经济工作的领导，充分发挥基层党组织的战斗堡垒作用和共产党员的先锋模范作用是十分必要的。创建基层服务型党组织是强化地方经济建设的组织保证。促进地方经济发展是基层党组织的重要任务。基层党组织是经济社会发展的领导核心，推动经济发展是全部工作的重中之重。基层服务型党组织的创建过程就是坚持发展的过程。基层党组织必须围绕发展经济这个中心，引导党员干部树立正确的发展观和亲民爱民的群众观，切实更新服务理念，变管理为服务、寓管理于服务中，转变工作作风，改进领导方式，提高办事效益。通过充分整合各类资源，把服务窗口和服务阵地设在发展的最前沿，把广大党员干部推向发展的第一线，营造踏踏实实搞服务、一心一意谋发展的氛围，为经济建设提供坚强的组织保障，只有把基层服务型党组织建设好了，才能成为经济发展的助推器。在创建基层服务型党组织的过程中，通过服务，强化和提升党组织和党员的服务能力，把党的组织优势转化为促进经济社会发展的原动力，使党建工作更加具体，党组织的行动目标更加明确，党员的斗志更加昂扬。基层党组织和党员将创建服务型党组织的工作与推动发展有机结合起来，自觉服务于经济建设的大局，促进经济健康发展。

3. 推动文化建设

文化是民族的血脉，是人民群众的精神家园，也是政党的旗帜。抓好文化建设是各级党组织的重要责任。发展中国特色社会主义文化，要坚持为人民服务、为社会主义服务，这就明确了党领导文化建设的根本立场。基层党组织，在领导文化建设的过程中，必须坚持为人民服务这一根本的立场。从文化建设总的出发点和基本任务上讲，要满足人民群众日益增长的精神文化需求，特别是人民多层次、多方面、多样化的精神文化需求；从发挥社会主义制度的优越性讲，要保障人民的基本文化权益；从文化建设的教育功能上讲，要着眼于人民素质的提高和促进人的全面发展；从社会发展和全面建成小康社会的历史进程来讲，要让人民群众共享文化发展的成果；从文化创造的动力源上讲，要充分发挥人民群众的主体作用；从对文化工作者的要求上讲，要联系群众、表现群众，把自己当成群众忠实的代言人，要贴近实际、贴近生活、贴近群众；从文化事业项目的安排上讲，要构建覆盖全社会的公共文化服务体系，优先安排涉及群众切身利益的文化建设项目；从文化建设成果的评价上讲，要把人民是否满意作为根本标准。

上述要求充分说明在领导文化建设的过程中，各方面的内容都要坚持以人民为中心，从服务人民的立场和需要出发来做。基层服务型党组织建设也要坚持从服务人民的立场和需要出发来打造，体现了高度的一致性要求，因此创建基层服务型党组织建设可以推进文化建设的各项要求，使文化建设的各项任务如期完成。

二、基层服务型党组织建设的当代价值

（一）实现党的重大战略决策部署价值

党对国家社会的领导，主要是通过制定和落实战略决策部署而实现。党的各级组织由于地位作用不同，在重大战略决策部署中发挥的作用是不一样的。党组织的高层主要是在制定战略决策部署上发挥作用，基层党组织的地位决定了其是贯彻落实此项战略部署的主要力量。

1. 推进法治中国建设

加强基层服务型党组织建设对于全面推进依法治国作用很大。党的二十大报告中提道：全面依法治国是国家治理的一场深刻革命，关系党执政兴国，关系人民幸福安康，关系党和国家长治久安。必须更好发挥法治固根本、稳预期、利长远的保障作用，在法治轨道上全面建设社会主义现代化国家。要坚持走中国特色社会主义法治道路，建设中国特色社会主义法治体系、建设社会主义法治国家，围绕保障和促进社会公平正义，坚持依法治国、依法执政、依法行政共同推进，坚持法治国家、法治政府、法治社会一体建设，全面推进科学立法、严格执法、公正司法、全民守法，全面推进国家各方面工作法治化。基层党组织是基层治理的主体力量，面对治理多元化的对象，如果治理理念落后，没有法规意识，讲人情、讲关系，会导致基层多元主体不满。建设服务型党组织，以服务理念为主

导，坚持平等公平的理念，才能提高基层治理的水平，从而为全面依法治国奠定坚实根基。

2. 提高人民生活品质

党的二十大报告中提道：江山就是人民，人民就是江山。中国共产党领导人民打江山、守江山，守的是人民的心。治国有常，利民为本。为民造福是立党为公、执政为民的本质要求。必须坚持在发展中保障和改善民生，鼓励共同奋斗创造美好生活，不断实现人民对美好生活的向往。要实现好、维护好、发展好最广大人民的根本利益，紧紧抓住人民最关心最直接最现实的利益问题，坚持尽力而为、量力而行，深入群众、深入基层，采取更多惠民生、暖民心举措，着力解决好人民群众急难愁盼问题，健全基本公共服务体系，提高公共服务水平，增强均衡性和可及性，扎实推进共同富裕。

建设基层服务型党组织的提出，是增进民生福祉、提高人民生活品质的必然要求。围绕强化服务理念、提高服务水平、建立服务机制的要求，树牢为人民服务的理念，从而提高人民生活品质。

（二）守初心担使命实现伟大工程价值

为中国人民谋幸福，为中华民族谋复兴是共产党人的初心和使命。确定这样的初心和使命是近代历史发展的客观诉求，也是中国共产党的性质和宗旨决定的。实现初心和使命必须进行伟大斗争，推进伟大事业，而推进伟大工程是关键。加强基层服务型党组织建设就会使党的群众组织力大大提高，从而在能力要求上确保初心和使命的实现。

1. 初心和使命的确立

党的二十大报告强调，全党同志务必不忘初心、牢记使命，务必谦虚谨慎、艰苦奋斗，务必敢于斗争、善于斗争，坚定历史自信，增强历史主动，谱写新时代中国特色社会主义更加绚丽的华章。

确定这样的初心和使命是中国近代历史发展的客观产物。中国在古代是四大文明古国，创造了灿烂辉煌的古代文明，走在世界前列。中国共产党的中心任务就是团结带领全国各族人民全面建成社会主义现代化强国，实现第二个百年奋斗目标，以中国式现代化全面推进中华民族伟大复兴。

2.“四个伟大”的关系

为中国人民谋幸福，为中华民族谋复兴是共产党人的初心和使命。确定这样的初心和使命是近代历史发展的客观诉求，也是中国共产党的性质和宗旨决定的。实现初心和使命必须进行伟大斗争，推进很大事业，而推进伟大工程是关键。加强服务型基层党组织建设就会使党的群众组织力大大提高，从而在能力要求上确保初心和使命的实现。

党的二十大报告强调，全党同志务必不忘初心、牢记使命，务必谦虚谨慎、艰苦奋斗，务必敢于斗争、善于斗争，坚定历史自信，增强历史主动，谱写新时代中国特色社会主义更加绚丽的华章。

确定这样初心和使命是中国近代历史发展的客观产物。中国在古代是四大文明古国，创造了灿烂辉煌的古代文明，走在世界前列。中国共产党的中心任务就是团结带领全国各族人民全面建成社会主义现代化强国、实现第二个百年奋斗目标，以中国式现代化全面推进中华民族伟大复兴。

伟大斗争、伟大梦想、伟大事业、伟大工程是相互联系的，其中起决定作用的是伟大工程。中国共产党人的初心和使命与党建工程之间的关系非常紧密。要推进党的建设伟大工程，必须重视和加强党的领导。没有党的领导，民族复兴、人民幸福是没有办法实现的。从历史上看，正是有了中国共产党的领导，才实现了民族独立、人民解放、国家统一，才有了民族复兴和人民幸福的前提。同样的，正是有了中国共产党的领导，国家才取得了社会主义建设的辉煌成就。走向未来也只有在中国共产党的领导下，才能最终实现民族复兴和人民幸福。因此，推进党建工程，加强党的领导是实现初心和使命的关键。

要加强党的领导，就要不断增强党的政治领导力、思想引领力、群众组织力、社会号召力等。其中群众组织力是重要的能力要求。所谓群众组织力是一种能力，具体来讲就是党依靠群众、动员群众、组织群众进行物质生产活动、精神文化活动和社会变革活动的能力。群众组织力是党的执政能力和国家治理能力的体现。因此，提高党的群众组织力对巩固党的执政能力有非常重要的作用，加强党的领导的重要方面就是要尽快提高群众组织力。要尽快提高群众组织力，最重要的就是要学会和掌握组织群众工作的规律。组织动员群众是有一定规律的，要按规律办事，不能违反群众工作的规律。规律就是本质的规定性，就是本质属性的要求。按照本质要求做群众工作是唯物主义的观点，人民群众是历史的创造者，是历史真正的英雄，中国共产党只有虚心向群众学习，把群众利益放在第一位，为群众做好服务才是抓住了群众工作的规律。

服务型基层党组织建设，以服务为主题，强化服务理念，提高服务水平，建立服务机制的要求，汇集起来就是提高群众组织力的体现，而随着服务型基层党组织建设的加强并取得成效，党的群众组织力会得到极大提高，从而在能力要求上确保初心和使命的实现。

3. 实现伟大工程的关键

伟大斗争、伟大事业、伟大梦想、伟大工程是相互联系的，其中起决定作用的是伟大工程。中国共产党人的初心和使命与党建工程之间的关系非常紧密。要推进党的建设伟大工程，必须重视和加强党的领导。没有党的领导，民族复兴、人民幸福是没有办法实现的。从历史上看，正是有了中国共产党的领导，才实现了民族独立、人民解放、国家统一，才有了民族复兴和人民幸福的前提。同样地，正是有了中国共产党的领导，国家才取得了社会主义建设的辉煌成就。走向未来也只有在中国共产党的领导下，才能最终实现民族复兴和人民幸福。因此，推进党建工程，加强党的领导是实现初心和使命的关键。

要加强党的领导，就要不断增强党的政治领导力、思想引领力、群众组织力、社会号召力等。其中群众组织力是重要的能力要求。所谓群众组织力是一种能力，具体来讲就是党依靠群众、动员群众、组织群众进行物质生产活动、精神文化活动和社会变革活动的能力。群众组织力是党的执政能力和国家治理能力的体现。因此，提高党的群众组织力对巩固党的执政能力有非常重要的作用，加强党的领导的重要方面就是要尽快提高群众组织力。要尽快提高群众组织力，最重要的就是要学会和掌握组织群众工作的规律。组织动员群众是有一定规律的，要按规律办事，不能违反群众工作的规律。规律就是本质的规定性，就是本质属性的要求。按照本质要求做群众工作是唯物主义的观点，人民群众是历史的创造者，是历史真正的英雄，中国共产党只有虚心向群众学习，把群众利益放在第一位，为群众做好服务才是抓住了群众工作的规律。

基层服务型党组织建设，以服务为主题，强化服务理念、提高服务水平、建立服务机制的要求，汇集起来就是提高群众组织力的体现，而随着基层服务型党组织建设的加强并取得成效，党的群众组织力会得到极大提高，从而在能力要求上确保初心和使命的实现。

（三）扩展基层工作内涵搭建创新平台

服务型党组织建设确定和唱响了基层党建工作的鲜明永恒主题，扩展了基层党建工作的丰富内涵。同时为践行党的宗旨建立了创新载体，也为学习型党组织建设提供了动力源泉。

1. 为践行党的宗旨构建创新载体

全心全意为人民服务是党的根本宗旨。在长期的革命和建设实践中，践行好党的根本宗旨是各级党组织的重要任务。践行宗旨，平台和载体非常关键。不同时代，践行宗旨的平台和载体是不一样的。探索和创新平台，找到符合实际的载体来践行宗旨是党组织面临的一个大难题。基层服务型党组织创建的明确，为新时代践行党的宗旨建立了新载体。在基层服务型党组织建设的过程中，要坚持服务基层、服务群众、服务发展为主题，以创建四级服务平台为支撑，即搭建起县、镇（乡）、村、组（小区）四级网络平台。这样的要求，在拓展服务的领域、丰富服务的内容的基础之上，还规定和创新了平台，有了服务创新平台为保障，服务人民群众的宗旨才能实现。

基层服务型党组织建设把服务作为发挥基层党组织主要职能来要求，使为人民服务成为党组织开展工作的宗旨，拓宽了党员服务群众的渠道，构建了党员联系和服务群众的工作体系，能够起到以服务带全局、服务纲举目张的效果。

2. 为学习型党组织建设提供动力源泉

要创建服务型党组织建设，如果没有创新理念和创新制度的提出，服务型党组织建设的成效就不会明显，而致力于创新的要求，则是创新型党组织最直接的目标。建设服务型党组织与学习型党组织的建设关系更为密切。因为基层党组织处在一线，广泛分布在党员和群众中间，各方面的服务任务更直接、更具体、更聚焦、更紧要，更应体现“服务型”的要求。而要落实好服务型党组织的建设要求，转变思想认识是基础，围绕着什么是服务型党组织、其内涵是什么，在创建的过程中还要注意哪些问题，带着这些问题进行学习，在转变观念的同时，也解决了思想认识问题，思想认识清楚了，工作的干劲就更大了。因此，愿意学习的劲头就更足。基层服务型党组织建设无形中就为学习型党组织建设提供了动力源。

第三章　基层服务型党组织建设的动力机制

第一节　基层服务型党组织的导向机制

“基层服务型党组织建设是服务型政党建设的基础工程。在新形势下，建设基层服务型党组织意义重大。”① 基层服务型党组织建设的重点、难点和关键点在于服务机制的建设。而机制的建设，首要的前提是要在组织内部形成一种服务的导向和服务的氛围。建立服务导向机制，通过导向机制的有效作用，把服务群众、做群众工作的理念、意识逐步渗透于组织的日常工作与活动中，反映到组织的政策规章制度上，特别是要把组织成员的观念、行为和作风引导到服务群众利益、面向群众需求上来，这是基层服务型党组织服务机制建设的关键一步，也是服务群众的首要一环。

一、服务导向机制的原因

“服务是服务型党组织建设的核心和精髓所在。服务好群众、做好群众工作是基层服务型党组织建设的主要任务。”② 服务导向机制，就是一种通过持续的政策、惯例和程序的运作来形成组织基本信念，营造组织服务氛围，引导组织服务方向，塑造成员服务理念，培育成员服务热忱，支持成员乐于奉献，激励成员卓越服务的一种价值和行为的导向机制。

基层党组织服务群众、做群众工作既有组织行为，也有个体行动，是不同的组织及其工作人员共同努力、共同服务的状态。特别是组织行为、群体行为更加需要协调，更加需要以统一的导向去维系人们的思想，规范人们的行为，指引人的理念规则，这也就在一定程度上决定了有什么样的组织导向，就会有什么样的组织及其成员。基层服务型党组织建

①梁晓宇. 新时代基层服务型党组织建设的意义、主要成效及路径探讨［J］. 黑龙江社会科学，2020（3）：35.

②黄建安. 社会工作嵌入基层服务型党组织建设的思考［J］. 观察与思考，2021（11）：96.

设要遵从工作向服务紧扣，功能定位要明确服务，工作理念要凸显服务，工作重心要转向服务，重点任务要聚焦服务，检验标准要突出服务，各领域党组织要紧扣“五个服务”开展工作。这实际上是提出了一个服务导向的问题，即通过服务导向来为基层党组织的服务行为提供旗帜和标向，指引基层党组织按照应该具有的服务理念、服务标准、服务原则和服务方向来进行创建和工作。至于遵从服务导向的要求，并建立服务导向机制的原因，可以从以下两个层面分析：

（一）外部需求和内部组织的视角

一般来说，外部环境和内部组织是影响组织服务的两个重要因素。关于为什么要提出服务导向的要求，并建立服务导向机制的问题，可以从外部需求和内部组织两个方面来进行探讨。

1. 从外部需求来看

服务源自需求，群众的需求是整个服务的逻辑前提和出发点。正因为需求是一切服务行为的起点，需要是人类的一种本性，任何组织尤其是执政党的基层组织，如果不首先为了满足群众的某种需要以及为了这种需要而做事，它就什么也不能做。

从当前的群众需求来看，随着经济社会的发展和人民生活水平、生活质量的提高，群众需求日益呈现出渐增性、多样性和交叉性的特点。

所谓需求的渐增性，一是体现在需求的质上。随着经济的发展、社会的进步，人们的衣、食、住、行等一些基本的生理安全需要在今天已基本得到解决，已开始向交往、自尊、自主以及自我实现等更高层次的需求发展。二是体现在需求的量上。当社会进入小康阶段后，收入变化导致吃、穿这些基本需求的消费变化不大，却导致教育、医疗等其他方面需求消费增长，服务需求日益增多。

所谓群众需求的多样性，是指需求内容的个性化与需求的表现形式日益多样化。表现在内容上，既有物质需求，也有精神需求；既有生产需求，也有生活需求；既有利益需求，也有民主需求；既有市场需求，也有社会需求等。表现在形式上，既有显性需求，也有隐性需求；既有线上需求，也有线下需求；既有长期需求，也有短期需求；既有常规需求，也有新兴需求等。

所谓需求的交叉性是指某一需求在内容上具有交互、交叠、模糊和复杂的特征，通过单一的供给主体很难完成，往往需要多个组织、部门、机构等服务主体跨越组织或部门的边界来协同配合，才能够完成服务的提供和问题的解决，满足群众的需要。

由此可见，服务需求的渐增性、多样性和交叉性特征表明过去那种标准化、程式化、同质化、非弹性化的供给导向的服务模式已越来越不能适应和满足今天这种差异日趋明显、需求日益多元的群众需求结构，只有建立起一种服务导向的机制，使服务以群众的需求为前提，以群众的需求、群众的境遇、群众的问题为导向，才能够满足多元分层、复杂交叉、急剧增长的群众需求。

2. 从内部组织来看

（1）中国共产党的使命与宗旨决定了基层服务型党组织建设必须坚持服务导向。从中国共产党的宗旨和使命来看，从广大人民群众是党存在和发展的依据来看，从中国共产党保持党群血肉关系、克服脱离群众的危险来看，以及从中国共产党要想赢得人民群众的信任和支持，确保长期执政、更好执政的追求来看，要求党尤其是与基层群众直接接触的基层党组织必须坚持服务导向，始终把服务群众、做群众工作当作自己的第一要务。

（2）基层党组织服务机制的变革趋势，要求坚持服务导向。中国共产党自成立以来始终秉承着为人民服务的宗旨。纵观整个党的历史，一定程度上就是一部服务群众、做群众工作的奋斗史。以计划经济为基础，制订包罗万象的有关服务的指令性计划，依托庞大的科层体系和强制性的行政命令手段来开展服务。这种以计划为基础，以组织自身为导向，以提供者为中心，通过强制性的行政命令来提供服务的服务机制和服务模式存在一些问题。所以，尽管过去我们也有服务，也在做群众工作，但是我们很难把这种“全能党”的服务方式与真正的服务联系起来。也就是说，过去那种标准化、模式化、同质化、行政化、非弹性化的“服务群众、做群众工作”的方式与模式已很难适应和满足分化日益严重、差异日趋明显的群众需求结构。

同时，相对封闭的科层体系所构成的组织结构在瞬息万变的服务环境下，也很难适应群众日益增长、日趋多元化的需求。由于机制必须与功能相适应，因此，在市场经济条件下，随着服务型政党以及基层服务型党组织建设的提出和政党功能的转型，政党及其组织的服务机制必须转变到以服务为导向，以被服务者为中心上来，努力做到按照群众的需求和意愿来提供服务，争取为群众提供满意的服务业绩，取得群众欢迎、群众受益、群众认可的实际成效。

（3）破解基层服务型党组织建设中存在的问题需要坚持服务导向，建立导向机制。农村、国有企业、街道社区、机关、高校、事业单位、非公有企业和社会组织的党组织在创建基层服务型党组织的过程中，服务的意识和理念不够主动自觉，党员干部队伍服务的带头、带领、带动效应还不够明显，这些问题的存在，从客观上来说有各种各样的原因，但从根本上说还是一个“人”的问题。因为无论是服务的意识理念、内容方式问题，还是服务的能力作风问题，实际上都是“人”的问题，亦即服务只有通过从事服务的人的服务行为和服务实践才能得到传递和实现。

然而，并非每个从事服务的人都是恒久无私、几十年如一日全心全意为人民服务的。所以，基层党组织要引导基层广大党员干部增强服务意识，提高服务本领，改进服务作风，主动联系服务群众；更需要制度设计和安排，通过导向机制的引导激励、规范约束来引导和规范基层党组织及其工作人员，一心为人民服务。

（二）个体层面和组织层面的视角

现实需要是建立服务导向机制的理由之一，但也不能忽视服务导向本身的价值意义，其本身的价值意义也是促使我们建立服务导向机制的重要原因。服务导向是一种追求优质服务的组织特质，它既能使组织成员形成一种有礼及热心服务的人格特质和性格倾向，又具有形成信念、营造氛围、激励服务的作用。这对我们今天从事基层服务型党组织建设，特别是为什么要建设服务导向机制来说具有很大的借鉴意义与启示作用。

1. 从个体层面来看服务导向的价值意义

一般来说，在服务过程中，因为服务具有不可分割性，服务的生产与消费具有同时发生的特点，所以服务的提供者与被服务者之间的接触成为衡量服务品质一个重要因素。被服务者往往会把与之接触的服务人员的服务意识、服务态度、服务行为看成是服务的一部分，并据此对服务做出评价。也就是说，服务人员的意识、态度和行为也是影响服务质量以及服务满意度的重要因素。因此，很多服务企业、服务组织的管理人员十分注重服务人员的服务意识、服务态度和服务行为表现，并试图采取一系列管理策略和管理机制来优化员工的服务态度与行为举止以提高企业或组织的服务质量。但由于服务提供受人的主观因素影响较大，且服务生产与服务消费同时发生，组织很难实时监控服务者与被服务者之间的互动状况，很难精细地、标准化地控制服务人员的服务态度、服务作风、服务举止与服务行为。

因此，作为服务企业或组织而言，往往倾向于通过建立服务导向机制（包括选择具有服务导向特质的员工，加强教育培训和监督管理，引导提高服务本领、强化服务意识、改进工作作风等）来改善组织成员的服务导向，并强化他们对被服务者的承诺，来实现顾客的需求和促进客户关系。具有服务导向的服务人员更乐意为别人服务，更有可能为服务对象提供优质高效的服务。

2. 从组织层面来看服务导向的价值意义

从组织层面来看，服务导向是一种优先关注服务对象需求的组织特质，一种反映在组织政策及其日常运作中的追求优质服务的组织导向机制，其目的是建立一种正确的服务作风与服务态度，支持并激励传递优良服务的行为。

服务氛围指的是组织成员所能够体验和感知的一种组织环境。在这个环境中，组织对服务工作与服务质量采取了高度重视的态度，以至于组织成员对组织要求、支持、激励服务的政策、措施和行为形成了一个共同的看法和认知。如果一个服务组织能够坚持服务导向原则，重视服务质量，注意营造服务氛围，同时为服务人员的服务提供必要的资源支撑和能力培训，将必然增强他们的服务意识，影响他们的工作态度和行为举止，激励他们积极主动地开展服务，为顾客提供良好的服务。

二、服务导向机制的作用

（一）服务导向机制具有引导规范作用

导向本身就具有引导与指导之意。服务导向作为一种制度机制，一种持久的组织策略、组织行为、组织惯例与程序，一种追求优质服务的组织文化与氛围，其目的在于自上而下地营造出一种服务群众、做群众工作的组织信念与组织价值，并通过服务机制的设计和持续的政策、惯例和程序的运作来引导、支持和鼓励组织成员形成正确的服务意识与服务行为。在这种组织策略、组织惯例以及组织氛围下，组织成员必然会受其影响、规范和制约，以至于在思想言行、态度行为上会自觉不自觉地服从于组织的引导和导向。

也就是说，服务导向实际上具有一种价值引导和行为规范的作用，引导并规范着成员在服务的过程中该做什么，不该做什么，该怎样去做，等等。显然，在这种导向机制下，就组织成员来说，符合并服从组织所倡导的目标、信念、价值和行为方式会得到组织的鼓励、肯定与奖赏。而组织成员因为表现出与组织要求、支持、奖励以及组织氛围相一致的言行，并得到组织的肯定与奖励，也会感到心理上的满足，从而焕发出巨大的服务热情与工作能量。否则，就会与之相反。就组织层面来说，这种导向机制能够帮助组织进一步密切党群、干群关系，推动党组织在“服务群众、做群众工作”中更好地发挥领导与政治两个核心的作用，从而使自己的执政基础牢牢地扎根于人民群众之中。

（二）服务导向机制具有激励作用

服务导向也是一种借由建立强化服务传递的方案及奖励卓越服务而形成的一种服务气候。而一定的组织气候总是体现着组织的信念、追求与价值观，这些东西往往又会以一种组织成员所能感知的心理氛围来形成个体的心理认知和情感意志，最终通过情感、认知和意志的导向活动来激励个体的工作动机和行为态度，将个体引导向组织所倡导和提倡的方向，从而产生行为上的效应。

例如，如果一位工作人员具有良好的服务行为，但组织对此视而不见或者奖惩不公，其服务的主动性、积极性就会受挫，服务的行为就难以持久。相反，如果组织期望成员提供优质服务，并支持和奖励这种行为，成员必然会得到激励和鼓励，就会乐于投身服务，并不断改善服务品质。作为一种追求优质服务的组织气候，作为一种要求、支持并激励组织成员提供优质服务的价值导向和行为导向，服务导向不仅能激励成员形成强烈的服务动机和高昂的服务热情，还能激励成员按照组织所倡导和提倡的价值和方向来改变和约束自己的服务态度和服务行为。

（三）服务导向机制具有凝聚作用

基层服务型党组织建设，当然需要各个组织的成员个体要积极服务、主动服务，但作为一个整体而言，它更是一个组织行为、一个体系行为，因而需要各个不同的组织及其成员共同努力、共同服务才能达成。而组织行为需要协调，需要以一个统一的导向去维系人们的思想，指引人们的方向，规范人们的行为。

从本质上来讲，导向具有把人们或人们的力量凝聚起来的作用，其实质就是引导人们按照一定的方向行动，或者使事情向某个所希望的方面发展。服务导向作为组织上下所固守的一种共同信念、共同价值观和共同精神支柱，同样具有巨大的向心力和凝聚力。它不仅能够使党组织的成员团结在一起，凝聚在一起，而且还能在组织内部形成巨大凝聚力和感召力，有利于促进党员干部提升服务意识、改进服务作风、提高服务能力，同心同德地投身于服务群众、做群众工作的崇高事业中去。

三、服务导向的方法与途径

（一）组织目标导向

所谓目标，是指组织奋力争取想要达到的某种境界或未来状态，它包括使命、目的对象、指标、定额和时限等。目标是组织行为的内在本质，它始终存在于组织成员的大脑中并促使他们积极行动，它是诱发、引导并组织人们行动的指南，是组织一切行为的出发点与落脚点。因此，目标导向，顾名思义，就是通过目标来引导、调节、激励和导向。

一般来说，组织具有多重而非单一的目标结构。

首先，组织目标可以分为正式目标和实际目标。正式目标表明的是组织使命，它描述和说明的是组织的愿景、共同的价值观和信念，以及组织存在的理由。正式目标既是组织行为的总规范，也是一类组织区别于另一类组织的本质所在。实际目标，又被称为操作性目标，是组织实际所想要达到的具体的、可衡量的结果。它是组织使命的具体化，表明组织正在力图实现什么。

其次，组织目标可以分为战略目标、战役目标和战术目标。战略目标具有长远性和整体性，时限一般在 10 年以上，体现的是组织活动的大原则、大方向。战役目标是一种中期性的目标，时限一般在 3~5 年，它是实现战略目标的手段。战术目标则是近期的、阶段性、局部性的目标，时限一般为 1 年或更短，它是组织所要完成的具体任务。

最后，组织目标还可以分为总体目标和部门目标。总体目标、部门目标与战略目标、战役目标和战术目标是不能截然分开的。战略目标、战役目标和战术目标侧重于目标的分段，总体目标和部门目标则侧重于整体与部分，主要探求的是目标的分解。也就是说，无论是战略目标，还是战役、战术目标，都需要对总体目标进行分解，分解为各个职能部门或基层单位所要到达的目标。反之，无论是总体目标还是部门目标也可以而且应当划分为不同阶段的目标，其中长期的带有战略性，中期的带有战役性，短期的带有战术性。此外，根据目标的重要程度还可区分为主要目标和次要目标，根据目标的可检验性区分为定量目标与定性目标等。

组织是寻求目标的系统，是为一定目的而存在的，基层服务型党组织建设也不例外。其中，基层服务型党组织建设的正式目标和战略目标，可以总结为两句话：一是推动基层党组织在强化服务中更好地发挥领导核心和政治核心作用，把群众团结凝聚在党的周围；二是通过服务贴近群众、团结群众、引导群众、赢得群众，使党的执政基础深深植根于人民群众之中。实际目标是服务群众、做群众工作。战役目标是服务成效明显提升，各领域涌现出一大批符合“六有”目标的基层服务型党组织。

正式目标和战略目标反映了基层党组织的一般使命与基本属性，即基层党组织不是一般的社会组织，而是政治组织。我们所做的任何工作、采取的一切措施，都是为了党长期执政、更好执政，基层党组织的工作也必然围绕这个根本目的来开展。实际目标和战役目标则是基层党组织在服务型党组织创建过程中使命的具体化和阶段性目标。

在基层服务型党组织建设当中，无论是正式目标、实际目标，还是战略目标、战役目标和战术目标，抑或其他目标，对基层党组织来说都是非常重要的。它们可以使基层党组织的存在更加具有合法性，为基层党组织及其成员提供行动的方向、决策的指导和绩效评价的标准。因此，通过目标来进行引导、激励和导向，可以从以下方面着手：

第一，通过认可组织的目标来进行导向。由于基层党组织创建服务型党组织的正式目标和战略目标反映着组织的使命、价值观和信念，是组织合法存在的依据，因此，组织成员在进一步了解组织存在的根源，认可组织陈述的目标时，他们会倍加自豪、倍感珍惜，并全身心地投入组织的使命与事业中去。

第二，通过成员指向和激励来进行导向。目标本身就是一种有方向的向量或矢量，它能给组织成员提供一种方向感，即组织要致力实现的目标以及为实现这一目标的战略，从而告诉组织成员为什么而工作以及如何去工作。同时，基层服务型党组织建设，如果围绕服务群众、做群众工作这个目标建立一系列的目标奖惩制度也有助于激励组织成员。

第三，通过给组织及其成员的行为和决策提供指南来进行导向。基层服务型党组织建设的目标实际上是对基层党组织及其成员行为和决策的一套约束，是基层服务型党组织服务行为与服务活动的出发点和落脚点。目标不仅有目的、有方向地为组织及其成员的注意力和行为提供指南，还有助于组织在制订服务计划、搭建领导班子、选配骨干队伍、建造服务场所、健全组织体系、创新服务载体以及构建服务格局等方面做出正确的决策，减少决策过程中的不确定性。

第四，通过考核评价组织成员和组织活动的绩效来进行导向。在基层服务型党组织建设过程中，基层党组织及其成员服务群众、做群众工作成效如何，需要通过基层服务型党组织建设的目标来衡量。也就是说，基层服务型党组织建设的目标提供了对组织成员和组织活动进行绩效评价的标准。一般来说，基层党组织服务群众、做群众工作所达成的成效越接近组织目标，或者与组织所希冀的状态越吻合，证明服务群众、做群众工作越有效。

（二）组织政策导向

所谓政策，是指某个组织，无论是小如社团，还是大如国家政府，为实现某一时期的任务和目标所采取的行动纲领或规定的行为准则。它作为上层建筑的核心组成部分、主体的行为模式与社会规范以及理论与实践的中间环节，在一定程度上既是一种领导和管理的策略手段，也是人们从事政治、经济、精神活动的规范准则，还是一个组织、一个地方乃至一国从事经济、政治、文化、社会、生态等方面建设的一种可行的指导原则。这就是说政策不是可有可无、时有时无的，而是在整个社会系统、组织管理、个人行为中起着重要功能和经常性作用的行动纲领和行为准则。“进入新时代，基层党组织贯彻党的政治建设，履行政治责任、提升政治组织、发挥政治领导、彰显政治传导、落实政治监督、完成政治使命，政治功能发挥是高效的。”①

①房建．理论内涵、问题导向、实践路径：基层党组织政治功能建设路向机制［J］．大连干部学刊，2019，35（7）：34.

一般来说，政策作为管理手段、社会活动的规范准则和人们行为的指导方针，具有多方面的功能，但最基本、最主要的则是导向功能、管理功能和控制功能。其中发挥政策的导向功能和控制功能，对基层党组织服务氛围与服务文化的营造与形成，对基层党组织成员服务意识、服务态度、服务作风和服务行为的转变与塑造等都具有重要的引导和规范作用。

1. 通过政策的导向功能进行引导和塑造

政策引导人们的行为朝向政策制定者所期望的方向发展，主要是通过三条途径来实现的。

（1）确立目标、规定方向。大凡一个组织制定政策，都具有明确的目标取向，而不是一种自发的、盲目性的行为。确立目标、规定方向就是把组织中复杂多向的、相互冲突的以及漫无目的一些潮流和行为纳入统一而又明晰的轨道，使组织及其成员的行为符合社会发展和当前事业的需要。当然，目标是分层次的，在基层服务型党组织建设过程中，我国对基层服务型党组织建设的总体要求、服务内容、建设目标、主要任务、方法措施做出了宏观的、方向性的、性质上的指导。

（2）教育引导、统一认识。政策其实也构成一种教育的功能：它们教育公众认识政府的目标以及公民的权利和义务，告诉人们什么该做、什么不该做、应该怎样做、不应该怎样做等。比如，在服务群众、做群众工作的过程中，可以通过制定察民情、知民意的政策，来教育引导党员干部去如何定期走访群众、联系群众、接待群众以及开展调查研究；通过制定服务承诺、为民服务代理、结对帮扶政策，又可以告诉党员干部当前应该干什么、不应该干什么、应该如何干，从而引导他们为群众办实事、解难题；等等。

（3）约束协调、因势利导。要使组织的每一位成员为组织所确定的目标而奋斗，就需要把每一个组织成员的分散的、冲突的行动统一到一个共同的目标下，使个人目标和个人利益服从组织目标和整体利益。但是，在现实生活中，个体对个人利益、愿望和目标的追求如同人们希望满足自身的基本生理需求一样，完全是人性一面的真实反映。因而所有基层服务型党组织建设方面的政策，其关键作用就是可以对组织成员分散的、交叉的、冲突的乃至利己的行为进行约束协调，让大家都能按照组织的统一目标来行动，来为群众服务。

2. 通过政策的控制功能进行规范和引导

服务与管理、服务与管制似乎是两组对立的概念。人们常说建设基层服务型党组织，党组织的功能要从管理、管制向服务转变，这里应该说的是要强化基层党组织的服务功能，以服务为特征，而不是说基层服务型党组织建设就不需要管理和控制方面的功能了。

控制是政策的一个重要功能。在基层服务型党组织建设过程中，为了保证服务型党组织建设以及服务活动的正常进行，有时必须进行必要的控制，使人们遵从服务的目标、服务的流程、服务的纪律和服务的规范。

（1）通过政策的监督进行控制。一般来说，政策具有监督作用，它可以使服务工作秩序化、服务行为正常化、服务提供高效化。

（2）通过政策的激励和惩罚进行控制。任何政策既具有导向激励作用，当然也具有告诫惩罚功能。在基层服务型党组织建设过程中，党组织既可以通过一定的政策措施对服务群众、做群众工作的典型、模范进行表彰和激励，也可以对消极对待服务义务、不履行服务职责的成员、单位进行告诫、批评和惩罚，通过激励和惩罚来规范引导人们的服务行为。

总之，政策能对人们的服务行为以及基层服务型党组织的建设起到制约和促进的作用，它可以通过明确政策目标、确立控制标准、进行政策检查、掌握偏差信息、制定纠偏措施来对组织服务政策的推进落实情况进行检查和控制，也可对组织成员的履职情况进行督促，从而确保基层党组织服务群众的各项政策得到有序开展和有效执行。

（三）组织制度导向

制度作为一种约束性的规则体系、一种流行的精神态度和思想习惯，是人类长期生活经验历史选择的结果，是在积累、借鉴和参考各方面经验的基础上而创制的。因此，制度一旦形成，就一定会在社会生活中体现它的功能，发挥它的导向作用，指导人们的行为。这里所说的制度导向，主要是根据制度的规范约束和激励功能来对基层服务型党组织建设的服务主体进行导向。

1. 通过对组织及其成员的行为进行规范约束来导向

通过对组织及其成员的行为进行规范约束以及为组织成员社会化提供行为模式来导向。基层党组织作为一个政治组织，在建设基层服务型党组织的过程中，要承担政治责任，巩固执政基础，实现执政使命。但基层党组织本身也是由一定的成员所构成的，一定数量的党员是基层党组织存在与发展的基础。但是，社会的开放性与流动性，导致组织的某些成员经常处在流动和变化之中，以致影响到了组织服务活动的经常性和稳定性。

另外，作为组织中的个体而言，随着市场经济和公民社会的发展，他们越来越具有独立性和自主性，越来越重视自身的利益诉求和精神满足。确保组织成员在追求自身利益和精神满足的过程中，承担起赢得群众的组织使命和服务群众的基本职责，可以从以下角度进行：

首先，由于制度具有规范约束的功能，它能够告诉人们能够和应该做些什么，不能和禁止做些什么，拥有何种权利，承担何种责任，做了某事、采取某种行为会得到或失去什么。因而，它不仅规范并约束着组织及其成员的目标的确立、工作方式的转变、态度的形成、作风的改进，而且还建构着主体行为的界限和限度，规定了行为主体的选择范围和行动方向，赋予了主体享有的权利和应该履行的义务等。

具体到服务型党组织建设上来，我国从总体要求、主要任务、方法措施等方面对全国所有基层党组织进行了规范导向。也就是，全国所有基层党组织在创建服务型党组织时只能在这个总体框架下，按照中央对基层服务型党组织建设的总体要求、主要任务，以及中央对基层党组织基本属性、基本定位的确定来进行。同时，基层组织的党建工作责任制、联系服务群众的制度机制、服务的激励保障制度以及考核评价制度等各种制度机制又会对组织如何服务、服务的方式方法、服务的质量标准等进行约束规范。同样，对每一个组织成员来说，组织制定的各种有关服务的制度机制和规范标准，也为每一个成员提供了行为方向和规范约束。有了这些具体的制度规范，每个成员不仅服务有规可循，而且个人的行为也不会偏离和迷失方向。

其次，制度还具有为人们社会化提供行为模式的功能。所谓行为模式，就是社会角色模型，这是由制度来提供和形塑的。制度不仅为每个组织成员所承担的角色规定了应该具有的行为模式和形象特征，而且还提供了具体的行为标准。不仅如此，制度还作为一种规范性的约束力量推动着组织成员必须按照规范行事，否则就会受到干涉或惩罚，这实际上也是制度规范约束作用的一种延伸。显然，在基层服务型党组织建设的过程中，也需要通过为组织成员提供社会角色模型，即理想目标、先进典型、标杆榜样等来进行行为的引导和导向。比如，通过发现和培养一批先进的服务典型和服务品牌，通过典型和榜样的力量来引领带动组织服务群众、做群众工作的开展，这是基层服务型党组织建设的常见做法。

2. 通过对组织及其成员的行为进行激励来导向

人的一切行为都是由动机所引发并支配的，凡是引起人的活动，推动他去满足某种需要的欲望、念头等，都是这种行为的动机。人们为满足各种需要，会产生一系列的心理变化，根据这些变化施之以恰当的激励，可以取得良好的引导结果。而制度具有激励功能，它可以通过对有利于组织的行为的提倡与反对、鼓励与禁止、奖励与惩罚来对人的行为进行激励，来引导人的行为方向，来调动人们的主动性、积极性和创造性。

激励可以分为正激励和负激励。如果组织成员的行为符合组织目标的需要，就会得到鼓励；如果表现突出，做出了贡献，还会得到表扬、奖金、提薪、提升等奖励，这是正激励。与之相反，如果组织成员的行为不符合组织目标的需要，或者其所为是组织所禁止、所反对的，那么就会受到批评、降薪、降职或惩罚，这是负激励。

无论是正激励、负激励，都是为了推动组织成员的行为举止按照组织所倡导的要求与方向发展，都是为了进一步激励组织成员为了实现组织的目标而奋斗。因此，在基层服务型党组织建设过程中，通过制定相关的激励制度，包括正负激励和内外激励的制度，可以控制和引导组织成员的行为取向。比如，浙江在推进基层服务型党组织建设过程中，既注重“闪光言行”、服务之星、服务标兵、满意窗口、服务品牌的评选等外部激励，也注重尊重和重视党员主体作用发挥、健全党内关爱制度等方面的内部激励，通过这些制度来激励和引导基层党员干部服务群众、开展群众工作，起到了很好的引导效果。

第二节　基层服务型党组织的需求表达机制

中国共产党的根本宗旨是为人民服务，为广大老百姓谋利益。而根据服务的基本原理，服务首先源自服务对象的需求，服务对象的服务需求及其表达是服务主体开展服务的逻辑起点和工作前提。也就是说，一个党组织要想有效地开展服务，首要的前提是要了解和把握群众的需求，只有真实了解和掌握了群众的需求，才能有针对性地开展服务，提供服务，这是服务生产、提供与发展的一般规律。

一、群众的需求及特点

作为所有从事社会现实生产与生活的人，特别是在基层服务型党组织建设中作为一个服务客体的范畴，群众是相对于个人而言的，同样也有自己的需求。这种需求既有自然需求和社会需求，也有物质需求和精神需求；既有生存需求和享受需求，也有生产需求和生活需求；既有经济需求和非经济需求，也有必要需求和非必要需求；既有现实需求和潜在需求，也有显性需求和隐性需求；等等。

一般来说，群众的需求具有以下特点：

第一，群众的需求具有无限发展性。社会实践的无限发展性决定了群众的需求不会永远停留固化在同一个水平线上，即需求是同满足需求的社会实践一同发展的，以至于已经得到满足的第一个需要本身、满足需要的活动和已经获得的为满足需要而用的工具又引起新的需要。

第二，群众的需求具有无限丰富性。群众生产的无限发展性决定了群众需求的无限发展性，群众需求的无限发展性又必然导致群众需求的无限丰富性。动物的需要一般使它只生产自身、只生产它自己所需要的东西，因而与动物这种十分简单片面的需要相比，人的需求的无限性不仅决定了人的生产是全面的，而且还可以自由地面对自己生产的产品。

第三，群众的需求具有历时性。群众本身就是一个历史的范畴，其需求也经历了一个漫长的演化过程。比如，原始社会民众的需求显然不同于自然经济时期民众的需求，自然经济时期民众的需求又不同于商品经济时期民众的需求，而商品经济时期民众的需求亦不同于产品经济时期民众的需求。群众的需求总体上是一个历史的演进过程，它是同满足需要的手段一同发展的，并且是依靠这些手段发展的。

第四，群众的需求具有主体能动性。群众需求的内容本身是客观的，这种客观性体现在群众作为需求的主体是客观的，群众需求的内容以及实现需求所依赖的条件和手段也是客观的。也就是说，群众需求的内容是客观的，但是形式上是主观的。这种主体能动性，一方面，体现在群众的需求是一种有意识的主观能动性的需要，是通过群众的肉体感官和有意识的社会实践活动来实现的，另一方面，体现在群众通过实践—需求的循环往复运动不断地创造着自己新的需要和满足新的需要的方式。

二、服务需求表达机制的要素与步骤

在基层服务型党组织建设过程中，谁都知道要坚持群众需求导向，群众的需求决定着基层党组织的服务供给，但是有需求却不一定就有供给。这里面有很多种情况，其中一种情况就是群众知道自己有什么需求，知道自己的真实需求在哪里，但基层党组织却不能自动地知道。也就是说，在基层党组织服务群众、做群众工作的过程中，需求只有被基层党组织所知晓、重视并纳入服务计划的情况下才会得到有效的服务和相应的供给。由此可见需求表达之重要，它是连接群众需求课题与基层党组织服务决策的关键一环。

所谓需求表达，是指基层党组织在开展公共服务、市场服务和社会服务的过程中，群众对自己需要得到何种服务的一种意愿、愿望、要求的反映和表达，它包括需要何种服务、何种类型的服务、需要多少、需要的程度、如何提供、何时提供等。因此，服务需求表达机制，简单来说就是群众有关服务内容、种类、数量、质量、时间、方式的需求意愿通过一定的方式与渠道表达出来并得到反馈的过程，它是无缝连接群众需求和服务供给的重要管道。群众的服务需求表达机制要实现运作，既要有必备的构成要素，又需要经过一定的步骤。

（一）服务需求表达机制的要素

从要素构成来看，服务需求表达机制的实现必须包括需求表达主体、需求表达客体、需求表达内容、需求表达渠道。

1. 需求表达主体

所谓需求表达主体，在本书中包括农村、街道社区、国有企业、机关、高校、事业单位、非公有制企业和社会组织中所有具有认知和实践能力的群众。这些群众作为表达的主体，既可以以个体的形式进行表达，也可以以群体的形式进行表达。

2. 需求表达客体

所谓需求表达客体，即群众服务需求表达的受众或对象。在此处主要是指“三大服务”（公共服务、市场服务和社会服务）和“服务群众、做群众工作”的提供者、组织者和服务者，它也可以分为整体和个体。从整体来看，它可以是根据组织设置和制度安排来承接群众需求表达的基层党组织及其相关的各个职能部门、窗口单位、服务团队和项目组。从个体来看，它既包括领导干部，也包括普通工作人员，尤其是具有特定身份的基层党代表、人大代表等。

3. 需求表达内容

所谓需求表达内容，就是群众的服务需求与意愿，具体包括需要何种服务、何种类型的服务、需要的数量、需要的质量、如何提供、何时提供等。它是需求表达的核心与指向，也是基层党组织服务决策和服务供给的具体依据之所在。

4. 需求表达渠道

所谓需求表达渠道，是群众实现需求表达的依托和关键。一个好的服务型党组织，不仅需要主动沉下身段去倾听群众意见、了解群众呼声、反映群众诉求，更需要建构一个能够反映群众需求的制度化、常态化的表达机制。而一个良好的能够反映群众需求的表达机制又必须以群众需求表达渠道的建构为前提，没有一个能够让群众畅通地进行意愿表达的渠道，服务需求表达机制的建构无异于纸上谈兵，亦难以实现。这个渠道按照不同的分类标准既可以分为制度化和非制度化的表达渠道（也有学者把它更加细化为制度化、准制度化和非制度化三个渠道），也可以分为正式渠道和非正式渠道两类，非正式渠道又可以细化为民间渠道、媒体渠道和专业渠道三条路径。

（二）服务需求表达机制的步骤

从需求表达的步骤来看，一个完全的需求表达流程应该由信息了解、需求表达、需求反馈三个相互联系、相互作用的步骤所组成。其中，信息了解是指群众对基层党组织的服务资源（包括人力资源、财力资源、物质资源）、服务计划、服务项目、服务内容、服务方式、服务时间、服务场所等服务信息的了解，这是需求有效表达的基本前提；需求表达则是群众对自身所需服务的反映和表达，这是服务供给的关键环节；需求反馈则是作为表达受体的基层党组织以及党组织的各个职能部门、窗口单位、服务团队、项目组乃至党员干部个体对群众需求偏好进行整合后所给出的回应。它既是服务主体对群众表达的需求是不是有效需求的一种识别以及能否得到提供的一种具体回应，也是提高群众表达积极性和确保需求表达机制得以有效运行的重要保障。

总而言之，群众服务需求表达机制可以视为连接群众与基层党组织之间的一种桥梁和纽带。通过这个桥梁和纽带可以传送群众的意见、建议和要求，可以让基层党组织在服务群众、做群众工作之前能够真实地了解并掌握群众的真正需要，其实质是群众如何通过需求的表达来影响基层党组织的服务行为从而实现自己真正想要的服务。

服务需求表达机制只是一个程序性的机制，它只能让群众的各种需求和诉求都可以得到表达的机会，能够为基层党组织解决服务的供需脱节问题，实现供需匹配以至最终满足群众各方面的需求奠定一个良好的工作前提和服务基础，但它绝不能保证群众所有的需求表达都会得到满足或者体现在组织的服务决策当中。

此外，群众的服务需求表达机制也并不是一个能离开其他机制而独立运作的过程，它始终贯穿在基层党组织“三大服务”的提供、生产与管理之中，集中体现在党组织服务群众、做群众工作环节之前，是基层党组织创造适配服务、满意服务的前提条件，也是整个基层党组织服务链条上不可缺少的一环。

三、服务需求表达机制建构的原因

（一）基层服务型党组织建设的内在要求

服务需求表达机制是基层服务型党组织建设的内在要求。

首先，从党以及党领导下的人民政府和群众在国家政治生活中的关系定位来看。根据唯物史观的原理，人民群众才是国家的主人，一切党组织和党组织所领导下的人民政府及其工作人员都是人民的公仆、人民的勤务员，都是群众在一定历史阶段实现一定历史任务的工具，这就决定了全心全意为人民服务是基层党组织一切工作的出发点和落脚点。而为人民服务，当然就是要为人民的需要服务，为人民的需求表达服务，为人民的利益而服务，而不是为个人或小集团的需要和利益服务。

其次，从服务主体和服务客体在服务群众、做群众工作中的关系定位来看。基层党组织及其成员是服务群众、做群众工作的主体，是服务的提供者，人民群众是服务的客体，是服务的接受者。服务需求表达机制就是把群众关于服务的需求与基层党组织有效联系起来的纽带，它不仅能够有效解决基层党组织和群众在服务供需问题上的有效对接，而且还能真正实现群众在服务接受过程中的自主权、选择权和评价权，改变过去被动服务的状况。

此外，群众服务需求的表达也是基层服务型党组织建设的动力因素。尽管基层党组织是为人民服务、为老百姓谋利益的，但如果仅仅依靠自上而下的指令和基层党组织的自觉性来构建服务型党组织难免会后劲不足。因此，基层服务型党组织建设的内生动力不可能来自上面，而只能是来自群众。这是因为人民群众才是基层服务型党组织建设的直接相关者和最大受益者，因而他们的切身感受最真切、愿望最强烈、动力最充足，而这个动力就是群众需求和群众意向的表达。

（二）基层服务型党组织有效服务的前提和基础

服务需求表达也是基层服务型党组织有效服务的前提和基础。

首先，服务需求表达是基层党组织做出正确的服务决策的前提。在任何决策中，管理者都希望能够获得更多的信息以提高政策质量。而信息的获取不仅包括该决策在其实施范围内运转状况的信息以及关于某个具体问题或解决方案的技术信息，更需要了解有关公众的偏好。因此，基层党组织在制定服务政策、拟订服务计划时应该广泛地听取群众的意见和要求，尽可能多地掌握群众多方面的需求信息，只有这样才能制定出有针对性的服务政策并开展服务。

群众的服务需求表达机制在一定程度上就是一种信息的输入机制，能够为基层党组织的服务决策带来更多的有效信息，有利于基层党组织提高决策的质量和决策的针对性。在我党一切服务群众、做群众工作的过程中，凡是正确的领导、科学的决策必定是从群众中来又回到群众中去的，如此往复以至一次比一次更正确。

群众服务需求表达机制不仅有利于基层党组织做出正确的服务决策，而且还能减少决策以及决策执行的成本。试想如果没有需求表达机制，基层党组织在服务决策时就必须主动地去收集群众的意愿和要求，与群众通过需求表达机制自愿反映需求相比，这显然是一种成本更高的信息获取机制。而且群众需求表达实际上也是一种参与机制，通过这种参与，与不参与相比，群众对决策的接受度会大大提高，从而有利于减少决策执行的成本。另外，如果没有这种参与，仅凭决策者掌握的有限信息和自身偏好来进行决策，不仅会导致服务群众、做群众工作偏离群众的真正需要，还会出现其他一系列问题，比如，好心办坏事问题、供需脱节问题等。

其次，服务需求表达也是考核评价基层党组织服务绩效的前提。基层党组织的服务成效怎样，质量如何，当然不能由党组织自己来评定，也不能由上级组织说了算，归根结底只能由群众来评判。而群众评价一个基层党组织的服务绩效往往是依据他们对服务的直接感知与其预先的需求或期望相对照而评价的。因此，在一定程度上，群众的需求也是考核评价基层党组织服务群众、做群众工作绩效的前提和参照坐标。因此，基层党组织要提高服务群众、做群众工作的质量，了解群众的意愿和需求是第一步，也是非常关键的一步。

四、服务需求表达机制建构的策略

（一）主体策略

对基层党组织服务需求表达机制的建设来说，一个良好的机制的建构与运行离不开高水平和高素质的表达主体。然而，受传统政治文化当中负面的政治文化心理以及一些其他因素的影响，群众的表达意识不强、能力不高，这是制约群众进行需求表达，也是制约服务需求表达机制建构与运行的一块短板。因此，建构群众服务需求表达机制，先要从意识、物质基础和素质能力这三个方面来提高群众的表达水平和表达能力，培育敢于表达和善于表达的主体。

1. 培育群众需求表达的意识

一般来说，群众具有积极主动的表达意愿是群众进行需求表达的前提。公民意识的确立是一个社会的公民进行表达的重要条件，它不仅内在地包含着公民的主体意识、权利意识、民主意识和责任意识等各个方面，而且还是公民进行需求表达的内在驱动力。因此，培育群众需求表达的意识应主要从培育群众的公民意识着手。

群众的公民意识，亦即群众的主体意识、权利意识、民主意识和责任意识，如果成熟并得到确立，必然会自觉不自觉地提高自身的表达意识和表达意愿。公民教育就是通过对公民意识的培育，养成具备公民素质、公民能力和公民精神的合格良好的公民，它可以通过家庭教育、学校教育和社会教育来进行。其中，家庭是公民教育的培养源头，学校是公民教育的培养基础，社会是公民教育的培养摇篮，通过三者的有机结合来提升公民意识。此外，尽管公民教育在公民意识的培养中有着无可替代的作用，但公民意识的提升也有赖于公民的民主实践。也就是说，尽管公民意识能够指导公民的民主实践，但是反过来，公民的民主实践也能形塑和促进公民的公民意识，二者是相辅相成的。

2. 筑牢群众需求表达的物质基础

一个社会的社会经济发展必然会引起群众的社会经济地位、群体意识、涉入团体的程度、政府职能以及公民意识的变化，进而又会促使群众政治参与水平的提高。因此，高水平的政治参与总是与更高水平的发展相伴随。而且，社会和经济更发达的社会，也趋向于赋予政治参与以更高的价值。这也说明，在基层党组织服务需求表达机制的建构中，群众的需求表达意识是其进行服务需求表达的前提，而一定的经济实力则是形成群众需求表达能力的物质基础。

由于进行需求表达要有足够的信息、适当的接触、金钱和充裕的时间，所以任何一个需求表达行为，尤其是坚持连续不断的利益表达，其耗费是很大的，勉强能维持生计的集团和个人可能无力承担。因此，在服务需求表达机制建构的过程中，必须筑牢群众进行需求表达的物质基础。只有增强群众尤其是弱势群体的经济实力才能够使他们支付得起进行需求表达的成本，提高他们进行需求表达的能力。

当前，筑牢群众需求表达的物质基础，就要继续坚定不移地推动科学发展，带领群众增收致富；就要努力实现协调发展，逐步缩小城乡地区差异；就要实施精准扶贫，提高困难群众的生活水平；就要完善就业关怀举措，提高群众尤其是弱势群体的收入；就要健全社会保障，免除所有群众的后顾之忧；等等。只有通过筑牢群众需求表达的物质基础，才能提高群众需求表达的意愿和表达能力。

3. 增强群众需求表达的素质能力

增强群众需求表达的素质能力，既要“利器”，也要“固道”。所谓“利器”就是短期内提高群众需求表达的技术技能，所谓“固道”就是从根本上培养群众需求表达的行动技能。

（1）加强对群众进行需求表达的技能培训。①帮助群众掌握进行需求表达的知识与技术；②帮助群众掌握进行需求表达所需信息的技术，比如，群众如何才能获得有关服务的基本信息，包括服务的实施方案、内容、提供对象、时间、地点、方式，以及如何与基层党组织及其相关部门进行联系并获取相关资料等；③帮助群众掌握进行需求表达的实践技术。对群众来说，进行需求表达既需要有组织联络、倾听表达、沟通理解的能力，也需要有相互合作、与人交往的人际交往能力。基层服务型党组织建设应该根据群众进行服务需求表达的需要，通过多种途径的知识技能培训来提高和增强群众需求表达的能力。

（2）培养群众需求表达的行动技能。尽管需求表达的技术技能短期内有助于群众提高其表达能力，但是要使群众保持长期的表达意愿与动力，还需要培养群众积极主动进行表达的习惯，通过素质的提升和习惯的养成来塑造群众进行需求表达的长期驱动力。

（二）对象策略

群众的任何服务需求表达机制的建构与运行以及需求表达渠道的设计与调整，都离不开党组织的支持与认可。离开了基层党组织及其成员的同意、支持和认可，群众的需求表达不可能得到重视和回应。因此，基层党组织服务需求表达机制建设，不仅需要加强表达主体的建设，还需要加强对表达对象——基层党组织的建设。

1. 转变组织固有观念

如今，基层服务型党组织建设要求我们必须转变观念。只有转变观念，清除旧观念对党组织的影响，基层服务型党组织才能真正建立起来。

首先，转变组织观念要确立服务的理念，不仅要把服务确立为基层党组织价值体系的核心，而且还要把服务看成是基层党组织的天职和党组织发挥作用的主要途径。

其次，确立“群众本位”的思想，即党组织何时提供服务、提供什么服务、怎样提供服务要以群众的需求为中心。根据群众的需要来决定，而不是根据党组织的喜好、意愿、方便程度来进行，更不能包办代替。

最后，确立平等的观念。所谓平等的观念，是指基层服务型党组织在为群众服务时，党组织与群众之间的关系不再是治与被治、管与被管的关系，而是一种平等的服务与被服务的关系。因而党组织要放弃对群众的控制欲望，不能站在群众之上，居高临下地以恩赐的心态来为群众提供服务。只有转变了观念，基层党组织在“服务群众、做群众工作”，包括在群众服务需求的表达上，才有可能做到既不“越位”，也不“缺位”。

2. 加大资源投入力度

群众进行服务需求表达对其个人来说要有足够的信息、适当的接触、金钱和充裕的时间，对基层党组织来说同样也要有人、财、物的支持。因为一项表达机制的建构与运行，不只是建构一套表达流程、设计一套表达制度、安排一些表达渠道这样简单，还涉及专门机构的设置、场地的安排、设备的保障、人员的物色、经费的投入等各个方面，需要大量的人力、物力和财力上的支撑。由此可见，组织资源的投入状况是建设服务需求表达机制的又一重要前提。当前，由于我国群众需求表达的整体意识和整体水平还不够高，进行需求表达的各种设施设备、制度机制还极不完善，更加需要我们加大资金、技术以及人力等方面的投入力度，为群众进行需求表达创设良好的资源保障。

3. 提高组织应对能力

进行服务需求表达机制建设，不仅需要提升群众的需求表达能力，也需要相应地提升党组织促进或应对群众需求表达的能力。

（1）提高基层党组织及其管理者的机制设计与运作能力。尽管服务需求表达机制是为群众需求表达而服务、而设计的，但机制设计的主体和运行的主体却是基层党组织。由于机制的设计与运行是一个相对规范和专业的工作，因此，作为基层党组织的相关人员应先于群众之前掌握机制设计与运行的内容、要领、规范和程序，只有这样才能引导好、开展好和保障好群众的需求表达。

（2）提高基层党组织及其管理者有关需求表达的知识和技术。由于进行需求表达机制的设计和掌握需求表达机制运行的要领需要以一定的需求表达专业知识和技术能力为背景，因此，应该通过多方面、多渠道的理论学习和专业培训，让党组织及其相关人员尽快掌握有关需求表达的专业知识和技术技能。同时借鉴国外已有的较好经验，为需求表达机制的设计以及运行的本土化提供合适的思路和方案。

（3）提高基层党组织相关工作人员的行动技能。这个行动技能是指应对群众需求正常表达和非常表达的技能，比如，联系服务群众的技能、进行调查研究的技能、与群众进行沟通和对话的技能、说服技能、协调技能、应对突发事件的技能等。这些技能在一定程度上也会影响基层党组织相关工作人员处理群众服务需求表达的效率和质量。

（三）渠道策略

1. 多样化策略

所谓渠道建设的多样化策略，主要是指增加表达渠道的数量、种类和延长其开放时间。显然，通过增加需求表达渠道的数量，可以为群众的多样化表达需求提供更多的表达机会；通过增加渠道的种类，我们可以提高群众进行需求表达的独立性和选择余地；而延长渠道的开放时间，既可以保证群众有充足的时间来进行表达，也可以保证需求表达对象能够了解和掌握更多的群众需求和意愿。这三个方面的有机结合既有利于提高表达渠道的通畅性，也有利于群众通过体制内而非体制外的渠道来寻求自身意见、建议和要求的表达。

2. 完善化策略

（1）通过制度创新，改革和完善人大、政协、基层自治、信访等制度，来拓宽和畅通群众已有的需求表达通道。

（2）对现有的一些表达渠道和途径进行制度化和规范化。当前，无论是中央，还是基层，做任何决策都比较重视了解民情、反映民意。因此，人民群众相对于过去而言也确实有了更多的表达自身意见、建议和需求的机会，比如，可以通过党务村务公开、村民（居民）议事、意见箱、意见征集、民情日记、民情通、听证会、座谈会、咨询会、领导接待日、热线电话、举报电话等渠道来发表意见、反映情况。但是这些渠道对群众的需求表达而言，尚未制度化和规范化，因此，对这些已经大量存在的、社会实践证明效果也比较好的表达渠道进行一个制度化、规范化的建设也是完善现有表达渠道的一个重要任务。

3. 创新化策略

所谓创新化策略，是指我们既要发挥原有表达渠道的作用，又要随着经济社会的发展、科学技术的进步以及群众本身的变化不断创造和发展出新的表达渠道，以适应群众需求表达的要求。

（1）重视信息化、网络化对群众需求表达所带来的影响。由于互联网表达有着其他表达渠道不可比拟的成本低、反馈快、容量大、互动性强、自由度高的优势，因此，通过互联网来进行表达已经成为当今群众需求表达的一个重要组成部分。基层党组织应该接受和适应这一变化，充分开发和利用现代信息技术和网络传播技术对群众需求表达的作用，为进一步丰富群众需求表达的渠道和促进基层党组织服务决策的科学化、民主化创造有利条件。

（2）重视社会分层对需求表达带来的影响。随着市场经济的不断推进，我国的利益主体日益分化、社会分层日趋明显。不同的社会阶层有着不同的利益诉求，如果仅靠党的代表大会、人大、政协、社会团体来进行表达，显然是很难满足所有不同社会阶层、不同利益主体的表达需求的，这就需要我们创新形式、搭建平台，争取为所有的社会群体创设更多的需求表达渠道。

第三节　基层服务型党组织的回应机制

基层党组织的服务机制是一条持续不断的服务之链，服务回应机制是基层服务型党组织服务机制建设当中的一环。如果没有这一环，不仅服务流程不完整，服务机制也不成立，基层党组织服务功能发挥要大受影响。因此，在基层服务型党组织服务机制的建构过程中，既然有群众服务需求的表达及其表达机制建设，就必然离不开服务主体的回应及其回应机制建设。

一、服务回应与服务回应机制的概念

（一）服务回应

在基层服务型党组织建设的语境下，所谓服务回应就是指作为服务主体的基层党组织能够对群众的需求和所提出的问题做出积极的反应，并采取果断的行动和有效的措施来解决群众的问题，实现群众的利益与需求的过程。应该说，服务回应的实质就是基层党组织

针对群众的期望与诉求实施服务的过程。

根据回应的主动性程度，基层党组织的服务回应可以划分为以下两种情况：

第一种情况是基层党组织的被动回应，是针对群众明确提出来的利益诉求、服务需求以及其他具体问题而进行的反应和回复。一般而言，服务回应首先是一种被动回应，是以群众向基层党组织及其相关部门提出问题和表达需求为起点。因为在党的一切实际工作当中，群众会有若干的利益问题、实际生活问题往往是基层党组织所顾及不到或顾虑不周的，但却又是需要党组织加以协调解决的事情，这就是群众的利益诉求和服务需求。这些诉求和需求通过一定的表达机制和表达渠道传递给党组织，由党组织界定并做出回应，能满足的给予满足，不能满足的要给予解释说明，不合理的要求也要进行说服教育。

第二种情况是基层党组织的主动回应。主动回应是指基层党组织作为党在基层联系广大党员和群众的桥梁，作为党在基层领导群众进行社会主义建设的战斗堡垒，尤其是作为党在基层服务群众、做群众工作的主体，不仅要在群众需求表达之后积极作为，更要在群众需求表达之前主动作为，通过前瞻性的领导方法和工作方式来主动征询群众的意见，洞悉群众的潜在需求，研判群众当中可能存在的问题，从而制定出符合群众利益和要求的政策措施来。

实际上，主动回应也是我们党一贯的领导方法和工作方式，主要表现为通过走群众路线的方式，坚持从群众中来、到群众中去，深入了解民情，充分反映民意。一般来说，主动回应是基层党组织从责任意识和使命意识出发，为广大人民群众谋求长远利益、根本利益的行为，带有责任性、前瞻性和引领性的特点。

（二）服务回应机制

服务回应机制就是基层党组织在服务群众、做群众工作的过程中，为了保证党组织对群众提出的问题和表达的要求做出及时而又精准的反应与回复的一种制度设计和制度安排。理解这个定义，要把握三层含义：第一层含义是服务回应机制是要确保党组织对群众服务需求的回应要形成一种持续的、稳定的、制度化的模式；第二层含义就是回应要及时、迅速，即群众提出问题、表达诉求后，基层党组织及其工作人员要争取在第一时间、第一现场迅速地做出反应；第三层含义是反应和回复要精准，即基层党组织有效满足群众需求和愿望的程度。尽管相对于及时而言，实现回应的精准要更为复杂一点，因为它的实现还涉及许多其他因素与环节。但不管怎么样，对于群众提出来的要求，争取做到能满足的给予满足，不能满足的给予解释说明，不合理的要求进行说服教育，这是我们基层党组织应尽的职责和义务。

我们既要看到服务回应机制是基层党组织服务机制的一个重要组成部分，由一定的要素所构成，又要看到服务回应机制并不是一个孤立的存在，它的运行既要遵循一定的流程，也要和其他的服务机制相联系。

1. 服务回应机制的构成要素

从构成要素来看，一个完整的服务回应机制一般包括回应主体、回应客体、回应内容、回应渠道与回应反馈等五个方面。

（1）回应主体。所谓回应主体是指一个回应行为的实施者，这个实施者既可以是整体——基层党组织，也可以是部分——基层党组织的相关职能部门，还可以是个体——某个具体的领导干部或工作人员。就整体而言，它又可以区分为农村、街道社区、国有企业、机关、高校、事业单位、非公有制企业和社会组织中的基层党组织。

（2）回应客体。回应客体就是服务回应行为所指向的对象，既可以是群众个体，也可以是以群体或组织形式出现的群众。在基层党组织服务群众、做群众工作的过程中，服务回应往往是针对群众的需求表达而展开的。当然也不排除回应客体没有表达诉求，而回应主体主动回应的情况，一般表现在事关群众的整体性、根本性和长远性的利益上。

（3）回应内容。回应内容是组织针对群众提出的问题和表达的需求所做出的反应和回复。一般来说，这种需求既有可能是群众表达的需求，也有可能是群众潜在的需求；既有可能是群众个体的具体诉求，也有可能是经过汇集和整合后的需求。

（4）回应渠道。服务回应也要通过一定的方式、一定的载体和一定的渠道来进行，这个渠道也可以分为制度化和非制度化、正式与非正式的渠道。与需求表达机制一样，回应渠道的建构也是基层党组织及时精准地回应群众诉求的依托和关键。

（5）回应反馈。回应反馈是指群众得到基层党组织的反应与回复后向基层党组织发出反应性信息的过程。一般来说，对于基层党组织所提供的服务，群众总会以一定的方式对党组织的服务发出某种信息或进行某种评价，这些信息和评价就是对基层党组织服务的反馈，也就是服务回应的反馈。

2. 服务回应机制的回应流程

从回应流程来看，一个完整的服务回应要经历三个阶段：群众提出问题和要求—基层党组织做出回应—群众反馈。其中，群众提出问题和要求就是群众服务需求表达的阶段，因而它涉及群众服务需求表达机制的建构与运转问题。基层党组织做出服务回应就是基层党组织的服务实施阶段，它涉及服务回应机制的建构与运作问题。而群众的反馈，是群众对基层党组织服务的内容、态度、方式、数量、质量等方面的评价，这个评价有满意与不满意之分，是为反馈。群众做出反馈之后又会形成新的需求，这样就形成一个循环往复的互动过程。

由此可见，基层党组织的服务回应机制并不是一个孤立的所在。它的存在与运行既要具备一定的必备要素，遵循一定的流程，同时也与服务需求表达机制和服务反馈机制（或者我们把它称为服务评价机制，后面会专门来探讨这一问题）等其他机制相联系。

二、服务回应机制建设的策略

（一）促进群众参与表达

从服务的理论来看，群众的需求表达是基层党组织回应的前提，也是服务的起点。从服务回应机制的原理来讲，回应是回应主体与回应客体相互交往与互动的过程，遵循着“群众—基层党组织—群众”或者“基层党组织—群众—基层党组织—群众”这样一个输入与输出的原理。其中，群众的参与起着非常重要的作用。群众的参与实际上是群众进行服务需求表达的一个过程，然而这个过程又是基层党组织开展服务回应的前提，是促进基层党组织有效回应的基础。因此，应大力促进群众参与。通过群众的参与，输入群众的问题和诉求，才能促使基层党组织不断走向回应。群众的参与意识越强、主动性越高，参与的机制才越健全，渠道才越通畅，回应机制的建设才越有必要。促进群众积极参与可以从以下方面来着手：

1. 提升群众的参与意识和能力

服务回应是基层党组织和群众之间的一种相互交往与互动的过程，既需要基层党组织积极主动地回应和解决群众提出的要求，也需要群众具有权利意识和主人翁精神，并善于运用各种制度化的渠道和载体向基层党组织表达自己的诉求。这就需要基层党组织从服务群众的目的出发，主动帮助群众提升参与的意识与能力，为基层服务型党组织建设，尤其是服务机制建设打下一个良好的基础。

（1）大力发展和完善社会主义市场经济。因为市场经济是与公民的独立自主意识、自由平等意识、权利义务意识相联系的。市场经济越发展，群众争取、维护和实现自身利益的愿望越强烈，表达参与的意识越主动，必然会迫使基层党组织提升回应的意识以及回应的能力和水平。

（2）大力发展文化教育事业，培养和提升群众的参与意识与能力。教育程度与公民的参与意识和参与能力是相关的，一个人所受教育程度越高，就越积极地参与政治生活。因此，要大力发展文教事业，提高全社会的受教水平，引导广大群众尤其是基层群众学习党的路线方针政策，学习并掌握公民的基本权利与义务以及政治参与的方法与技巧，提高他们的参与意识和能力。

（3）加强实践中的教育。一个人的行为意识与动力一定程度上是与其实际的经历挂钩的。当某种意识行为在实践中获得了奖赏回报，这种行为动机就会得到强化，反之就会衰减。因此，应该大力鼓励基层群众主动参与服务过程，积极表达自身需求，通过基层党组织的积极回应来不断培养和增强他们的参与意识和表达欲望。

2. 保障群众参与表达权利的实现

基层党组织服务回应的互动性质离不开群众的参与表达，但要促使群众积极主动地参与表达又离不开相关的权利保障。没有权利的保障与支撑，群众没法进行参与和表达。只有实现了参与表达权利的制度化保障，才能确保基层党组织在服务和回应的过程中群众的这些权利不会被剥夺，各种利益诉求才能得到充分的体现和反映。

因此，应该为群众的这些权利的真正实现提供制度保障。宪法、法律层面和党的路线方针政策层面规定了群众的参与表达权利，在具体的施政过程中，具体到当前的基层服务型党组织建设上，就需要我们的基层党组织辅之以具体的政策措施来加以保证和实现。因此，基层党组织在服务群众、回应群众的过程中不得随意地忽视、剥夺群众的参与表达权，更不能人为地设置制度性的障碍，而应不断拓宽途径，建章立制，促进群众积极参与、主动表达。这不光是服务回应机制建设的要求，也是基层服务型党组织建设的要求，说得更远一点，也是基层民主政治建设的要求。作为群众个体而言，也应该珍视自己的这些权利，只有主动参与基层党组织的服务和回应，自身的问题和需求才有可能得到党组织的关注和解决。

3. 拓宽群众参与表达的渠道

要促进群众的参与，不仅仅要提升行为人的参与意识和能力，保障行为人的参与表达权利，还要尽可能地为其创造参与表达的渠道。关于这一点，应该遵循平等、畅通、科学和创新的建构原则，采取多样化、完善化和创新化的策略来建构群众参与表达的渠道，为鼓励和促进群众积极主动地表达个人的诉求创造良好的环境与条件。

（二）增强回应意识与回应能力

当前基层党组织回应意识薄弱、回应动力不足从主观意识层面制约和阻碍着回应机制的建设以及基层党组织回应能力的提高。所以，要建构服务回应机制首先得帮助基层党组织及其工作人员树立回应意识，增强回应能力。

1. 树立群众观念

增强基层党组织的回应意识最根本的是要从树立基层党组织及其成员的群众观念着

手。因为群众观念是党的根本观点和根本认识路线，是党全部理论活动和实践活动的基础。确立了群众观点，必然会确立服务的观点、责任的观点、回应的观点。群众观点包含着为人民服务的观点，包含着对人民负责的观点，也必然包含回应人民群众利益和需求的观点。所以，只有确立了群众的观点和意识，才能确立和增强回应的观点和意识。

（1）通过教育培训来保持确立群众的观点和意识。任何意识的生成与维系都离不开后天的教育与培训，群众观点以及群众意识的形成与巩固也不是一劳永逸的。尤其是在当今价值观念冲突、思想文化激荡的年代，更需要通过不断的灌输、教育与培训，才能确保它在党员干部的思想观念中持久存在并长期发挥作用。

（2）通过舆论宣传来引导确立群众的观点和意识。舆论的宣传与引导是激发社会心理和公众意识的重要力量，当然也是塑造群众观点的重要手段。因此，始终不懈地坚持群众观点和群众路线的舆论宣传与舆论导向，对于激发和建构基层党组织及其党员干部的群众观点、服务意识、责任意识和回应意识是十分重要的。

（3）通过制度机制来维系确立群众的观点和意识。制度既有激励作用，也有约束作用，而且制度对于形成一种稳定的模式、稳定的状态具有根本性的作用。通过建立健全奖惩问责制度，对践行群众路线、服务群众、回应群众的典型进行奖励，对脱离群众、做官当老爷、漠视群众诉求的行为进行批评与问责，很显然对于党组织及其成员的群众观念的维系具有根本性的作用。

2. 提高组织成员回应的能力素质

组织成员既是基层党组织服务群众、做群众工作的主体，也是回应群众诉求的主体，因而他们的能力与素质如何在一定程度上影响乃至决定着基层党组织服务群众和回应群众的质量效果如何。因此，增强基层党组织的回应能力，建构服务回应机制，还必须提高组织成员尤其是领导班子和骨干队伍回应的能力与素质。由于一个基层党组织的回应能力主要体现在感受和认知群众的诉求与期望、对群众的诉求与期望做出评判与整合，以及把整合后的诉求与期望转化为具体的回应行为上，因此，一个在基层党组织从事服务和回应的工作人员至少要具备以下方面的基本能力：

（1）调查研究的能力。因为调查研究是了解情况、发现问题的最重要、最基本的手段。通过调查研究，一方面可以了解和掌握群众的需求，另一方面可以据此来制定基层地方的政策措施，回应群众的期待。

（2）沟通协调的能力。回应本身就是服务主体和群众的一种交往与互动，及时地回应群众的要求，与群众保持良好的沟通是一个非常现实的问题。服务主体只有掌握了良好的沟通能力与沟通技巧，才能从群众当中获得真实有效的需求信息，也才能开展及时有效的服务回应。相反，如果缺乏沟通能力和沟通技巧，就无法充分准确地了解群众的服务需求，回应的效果和质量就会受到影响。

（3）信息处理与整合的能力。基层党组织的工作人员不仅要善于了解民情、倾听民意，而且还要对群众需求表达所产生的各种信息进行分离、组合和再组合，以便使它们在数量上和种类上都适宜于决策者加以处理。

（4）决策的能力。对基层党组织的领导班子而言，还需要针对群众的实际问题和服务需求做出科学的决策。

（5）回应的执行能力。即承担服务和回应工作的个人或组织要有能够运用回应资源、借助回应渠道和载体来回答群众要求、满足群众愿望的能力。

（三）健全回应制度

基层服务型党组织的服务回应机制建设必须健全回应制度，走制度化的回应之路，只有这样，党组织的回应才是可靠的，才能起到制度化、规范化和常态化的效果，也才能和历史上其他任何属性、任何形式的回应有所区别。

1. 完善回应制度

完善回应制度，首先是要建立和健全回应的基本制度和支持性制度。其次，对回应主客体的权利与义务要有制度化的约束。服务回应机制的制度建设不仅仅是建立和健全回应的基本制度和支持性制度，还需要对群众和基层党组织各自在表达和回应过程中的权利和义务以制度化的形式确定下来。比如，群众在提出问题和表达诉求时有哪些权利和义务，需要满足何种条件、承担何种责任，诉求失败时可以通过何种渠道或途径进行申诉或救济；基层党组织回应群众服务诉求有何权力和职责、回应的时限与要求、回应的标准与流程、回应的考核评价和监督问责等，这些都需要以制度、规章的形式确定下来。只有注重回应的制度建设，回应才会走上制度化的轨道。

2. 促进回应制度化

针对当前一些基层党组织服务回应群众存在随意性、偶然性等问题，建构服务回应机制不仅要加强回应的基本制度和支持性制度等这些制度要素的建设，还要使这些制度充分走向制度化，让基层党组织的回应行为走上一种制度化、规范化和长效化的回应轨道。

促进回应制度化不仅可以使组织的各种具体制度进入过程化，还能通过一套制度安排使组织获得某种确定性的状态或属性，并当这种确定状态或属性成为一种模式逐渐实现再生产时，会把它们自己的存在归因于相对自我激发的社会过程。显然，促进回应制度化能够为基层党组织和群众提供一套比较稳定的互动模式和规范，从而为制度化回应创造条件以至最终实现制度化回应。

具体来说，在制度化回应中，虽然回应关系的建构是动态变化的，而且在社会发展的不同阶段，制度化的内容、要求和推进方式也不同，但就回应关系发展的某一特定时空关系中的回应主体的角色扮演而言，它是能够界定的，对于处在回应关系中不同位置的主体的权利、义务也是能够明确的。在这个意义上，制度化回应具有预期社会成员行为的功能和可能性，制度化的结果既会对新的回应关系形成制约，又会培育出回应主体的路径依赖的特征。因此，健全回应制度，促进回应制度化，是服务回应机制建设的关键，它对基层党组织的服务回应走上制度化、规范化和长效化的回应轨道具有重要的意义和不可估量的作用。

第四节　基层服务型党组织的保障机制

服务并不能凭空出世，一个良好的服务并不是孤立的，需要一定的内外部环境与之协调、配套和保障。同理，基层服务型党组织建设要取得人民群众满意的服务业绩，也离不开强有力的外部支持。服务保障机制是基层服务型党组织服务机制建设的重要组成部分。只有服务的人力资源、物质资源、组织体系以及制度机制有了保障，基层党组织服务群众、做群众工作才有可靠的保证。

一、服务保障机制的界定

所谓服务保障是指为基层党组织创建服务型党组织，开展服务群众、做群众工作，从人力资源、物质资源、组织体系、制度机制等方面提供必要的支持性工作或保障性措施。基层党组织服务群众、做群众工作显然不是抽象的、空洞的说教，而是具体的、实实在在的行动。具体来说，不管是服务的基础设施建设，还是服务平台的搭建，抑或服务内容的兑现，都离不开强有力的人财物等方面的支持，这是开展服务、做好群众工作的前提和基础。

首先，人力资源的保障。服务是“人”的事业，主要依赖于人的行为，依赖于人的积极性、主动性和创造性的发挥。因此，基层党组织开展服务首先要抓住党组织书记、党务工作者、党员这个主体，服务群众、做群众工作才会有不竭的动力源泉。

其次，物质资源的保障。基层党组织服务群众、做群众工作，不仅要有从事服务工作的人员，还得要有稳定的工作经费、便民利民的服务场所以及从事服务、开展工作的基本设施设备等各种资源的保障。

再次，组织体系的保障。所谓组织体系保障是指要适应服务对象、服务内容、服务方式的变化和需求，优化组织设置，扩大组织覆盖，来为基层服务型党组织建设提供组织基础。

最后，制度的保障。要使基层党组织及其工作人员转变工作方式、改进工作作风，把服务作为自觉追求和基本职责，最根本的是要有健全完善的制度机制，形成规范化、常态化、长效化的工作制度。

由此可见，服务保障机制是指从人力资源、物质资源、组织体系、制度机制等方面为基层党组织服务群众、做群众工作提供必要的支持性工作或保障性措施所做的一系列制度设计和制度安排。

二、服务保障机制的建构原因

（一）基层服务型党组织建设人力资源保障的需要

人是组织中的能动因素，组织的每项工作任务要靠人来完成，组织的各项职能必须靠人来实施，基层党组织的服务工作也不例外。当前，基层党组织从事服务工作的人员有三支队伍：党组织书记队伍、党务工作者队伍和党员队伍，这三支队伍是基层党组织最重要的人力资源，是基层党组织服务群众、做群众工作的主体，对基层党组织使命功能和群众服务诉求的实现有着决定性的作用。

1. 服务人员是基层党组织服务群众、做群众工作的主体

服务是一项“人”的事业，目的为了人，实施依赖人，依赖于人的积极性、主动性和创造性的发挥。而这个“人”主要是由党组织书记、党务工作者和党员所构成，他们既是党组织肌体的组成细胞，也是服务群众、做群众工作的主体。因此，必须加强服务保障，尤其是要加强对人的保障，要全面落实基层党组织书记、专职党务工作者的报酬待遇等激励政策，切实尊重党员主体地位，保障党员民主权利，健全党内激励关怀帮扶机制，从思想、工作、生活上关心党员，增强党员的归属感、光荣感、责任感，只有这样才能激发他们服务群众的内在动力。

2. 服务人员在基层党组织服务群众、做群众工作中具有重要作用

服务人员既是服务的提供者，又是基层党组织乃至党的形象代表；既可以成为密切党群关系、赢得群众的主要载体，也可以是脱离群众、失去群众的原因之所在，因而对基层服务型党组织建设来说是非常重要的。这个重要性主要体现在以下三个方面：

(1) 服务人员的态度决定着群众的满意程度。服务生产与消费同时发生的特点决定了服务的成功与否在于服务人员与群众之间的互动是否有效。服务人员是直接联系党组织与群众之间的纽带，一般以“组织—服务人员—群众”的这种直线方式来运作。群众在接受基层党组织服务的过程中，一线工作人员的一举一动、一言一行以及业务水平的熟练程度，都会直接影响到群众的服务感受以及对服务质量的评价。特别是在高度接触的服务事项当中，这些从事服务工作的工作人员在群众眼中也是服务构成的不可分割的一部分。比如，这些工作人员在服务时的仪表仪容、服务态度、服务意识、服务技能等这些形象与举止都会影响到群众对服务的感知与选择。

另外，服务的无形性、不可触摸、无法展示的特点又使许多群众把服务的焦点简单地聚焦于服务的有形线索上，包括服务工作人员的形象与举止。因此，对高度接触的服务工作而言，工作人员的态度一定程度上也影响和决定着群众的满意程度。

(2) 服务人员的素质影响着服务的质量。服务质量可以分为技术质量和功能质量。

技术质量又称为结果质量，即服务的产出，是群众最终从服务中所得到的东西。这个产出大多可以通过客观的方式进行评估，并成为群众对某项服务评价的重要依据。

功能质量又称为过程质量，是指服务的技术性要素是如何被移交的，它说明的是群众是如何得到这些服务的。其中涉及大量的人的行为，比如，服务人员在履行服务职责时的行为、态度、穿着、仪表等，这直接影响技术性要素移交的效果。由于每个人所处位置以及个人素养方面的差异，基层党组织的所有成员在服务群众、做群众工作中分别发挥着不同的作用。

党组织书记和专职党务工作者在服务工作中发挥的作用、对群众的影响不会完全一致，专职党务工作者与党员的作用以及对群众的影响也不一样，而与群众直接接触、直接提供服务的一线工作人员与不和群众直接接触，主要是从事服务的支持性、辅助性工作的人员所发挥的作用以及对群众产生的影响也不一样。但无论如何，一个人的素质、服务的技能、做群众工作的能力直接影响着群众的感知和体验，进而影响着群众对服务的评价，这实际上是一个服务质量的问题。

(3) 服务人员的工作影响着群众的情绪。基层党组织服务群众、做群众工作不同于其他工作，尤其不同于生产性方面的工作。它是一项以人为对象的工作，需要与群众面对面或者通过电话或电脑进行交流，并且需要使用情绪来得到所服务对象的回应，因而又被称为是一项“情绪劳动”。这种情绪性劳动的特殊性就在于如果没有情感的投入，比如，在为群众服务的过程中展示出群众所需要的情绪，能够通过直觉感受到群众的情绪，能与群众进行深度沟通和交流并体现出关爱的功能等，那么，就只能叫作劳动而不是服务。

正因为服务工作是一种情感密集、感情传递、情感交融、情感互动的行为，是一项情绪性的劳动，这种情绪性的劳动如果管理好了，它会在改善服务绩效、回应有需求的群众、提升群众满意度等方面产生重要的作用。

综上所述，服务人员是基层党组织服务群众、做群众工作最重要、最宝贵的资源。对任何一个组织而言，可靠而又优良的人力资源是组织最重要的资产和资本，也是组织存在和发展的基础，基层党组织也不例外。当前，在基层服务型党组织建设中，激活这些人力资源，发挥他们服务群众、做群众工作的积极性、主动性和创造性，只有建立起服务保障机制，通过较为完善的激励政策和保障制度，才能激发出他们服务群众的内在动力，从而为基层服务型党组织建设提供可靠的人力保障。

（二）基层服务型党组织建设物质资源保障的要求

1. 物质资源是基层党组织开展服务的有效保证

基层党组织开展服务工作，很多都要靠物质资源说话，比如服务基础设施的建设、服务平台阵地的搭建、服务承诺内容的兑现、服务人员待遇的保证等，而物质资源的根本问题是一个经费的问题、财力的问题。如果一个基层党委或党组织连自身运转的经费都无法保证，那么，协调开展面向群众的公共服务、市场服务以及社会服务自然也就无从谈起。因此，基层党组织服务的物质资源保障最主要的就是财力支撑和财政体制机制方面的保障。

在服务群众、做群众工作的过程中，财政是基层党组织履行服务职能的物质基础、体制保障、政策工具和服务手段。因此，当我们为基层服务型党组织建设提供稳定的经费支持和强有力的物质资源保障时，才能确保它服务群众、做群众工作的正常开展。

2. 基层党组织财力的现实困境要求加强服务保障机制建设

从总体上来看，尽管我国的综合国力大幅提升，财政收入大幅增加，但我国仍处于社会主义初级阶段的基本国情没有变，这表明人民群众与日俱增的服务需求和相对有限的社会资源总量之间的矛盾将是一个长期的过程，因而基层党组织的服务工作尤其是服务的财力保障不能不受到这个大的环境的影响和制约。尽管这种情况在东西之间、城乡之间、区域之间可能会有所差别，但就全国的情况来看，这种制约短期内是无法全然改观的。

如果说，人力资源是基层服务型党组织建设的关键因素，那么，财力则是基础。一切服务活动的开展都离不开经费的支持和保证。就服务来说，上级组织拥有服务的决策权和对公众的承诺权，但并不站在群众工作的第一线，也不承担公共服务、市场服务和社会服务的具体供给。服务的责任与义务主要是由县级和县级以下的基层党委政府以及基层党组织来承担，但这些党组织却并不拥有与事权相对应的财力。特别是大多数的基层党组织，比如，农村、社区、企事业单位的党组织等，既不是独立的预算单位，也没有独立的财力来源，服务的经费主要靠上级的转移支付和拨款来维持。体制内的基层党组织尚且如此，体制外的非公有制企业党组织和社会组织党组织的经费保障更是问题，其经费来源一定程度上是与企业主或负责人的支持程度挂钩的，并没有一个制度化的经费保障机制和投入机制。

因此，总体环境的约束和现实财力的困境决定了基层服务型党组织建设必须进行服务保障机制建设，要为基层党组织服务群众、开展群众工作提供一个稳定的经费支撑和财政体制机制上的保障，只有这样才能为基层服务型党组织建设奠定良好的物质基础。

三、服务保障机制建设的路径与对策

服务保障机制是服务机制的重要组成部分，是基层党组织正常而有效地开展服务群众、做群众工作的必备条件和基本保障，其目的是为基层服务型党组织建设提供人财物等方面的保障，主要包括人力资源、物质资源和组织体系等方面的建设。服务保障机制建设既要考虑服务活动开展的需要，也要适应服务对象、服务内容和服务方式的要求，更要聚焦人力资源、物质资源和组织体系建设上的障碍来进行。

（一）人力资源保障方面

服务受人的因素影响极大，因为人是服务要素的重要组成部分，也是组织中的能动因素，组织中的每项工作任务要靠人来完成，组织的各项职能必须靠人来实施。正因为人的因素在服务中起主导作用的特点，它要求基层服务型党组织建设，要特别注重人力资源的建设，尤其要注重内部员工的个人利益、个人情绪和个体能力的因素和影响。因此，人力资源建设的路径与策略就是要从利益层面、情绪层面、能力层面来破解障碍，打造服务意识强、服务作风好、服务水平高的党组织领导班子，培养带头服务、带领服务、带动服务的党员干部队伍，激发党员干部主动服务、积极服务、创造服务的内生动力，从而为基层服务型党组织建设奠定一个良好的人力资源基础。

1. 创造激励，激发服务主体的内在动力

利益是社会中最敏感的神经，是人类社会生活中唯一、普遍起作用的因素，支配着个人、组织乃至阶级的一切行为和判断。利用利益机制激励基层党组织成员主动服务、积极服务和创造服务，可以从以下方面着手：

（1）从物质激励着手来鼓励和激发广大党员干部服务群众、做群众工作。基层党组织是由现实的个人而不是由抽象的个人所组成的，因此，基层党组织的党员干部要去服务群众、做群众工作，先要满足自身衣、食、住、行等方面的需要，才有可能去从事其他一切活动。

对基层党组织书记和专职党务工作者而言，要落实好他们的报酬待遇等激励政策和制度规定。一方面，落实已有政策规定，比如，村党组织书记报酬不低于当地农村劳动力平均收入水平；社区专职工作人员报酬不低于上年度当地社会平均工资水平；推动非公有制企业建立党组织书记薪酬待遇保障制度，有条件的地方上级党组织要给予适当工作津贴等。另一方面，积极探索新的激励政策和保障制度，比如，根据经济发展状况建立报酬待遇联动增长机制，探索实行艰苦边远地区乡镇干部津贴补贴制度等。

对广大党员而言，更要采用利益的手段去激励和引导他们投身到为人民服务的崇高事业中去。在基层服务型党组织建设当中，要推进广大党员转方式、改作风、提能力，自觉地坚定地为广大人民群众服务，要积极为党员创造良好的工作生活条件，切实解决他们的实际问题，对服务业绩突出的党员要给予适当的物质奖励。

（2）从政治激励着手来鼓励和激发广大党员干部服务群众、做群众工作。中国共产党执政党的性质与地位决定了在基层党组织中工作的党员干部的报酬待遇基本上是稳定的，这样晋升就在一定程度上成了一些党员干部的重要激励机制。因此，通过政治晋升的手段来鼓励和激励广大党员干部来服务群众、做群众工作就成了基层党组织开发人力资源的一个重要途径。对此，要认真执行从基层培养选拔干部政策规定，注重选拔优秀乡镇党委书记进入县级党政领导班子或到上级机关任职，加大从优秀村干部中考录公务员、选任乡镇领导干部的力度，使他们工作有待遇、干好有发展、退后有保障。

对广大党员来说，最主要的是要尊重他们的主体地位，发扬党内民主，推进党务公开，保障他们参与党内事务的权利，通过参与来增强他们的集体归属感、光荣感和责任感，从而激发他们服务群众的动力。

2. 注重建设，提升服务主体的服务能力

如果说利益层面的激励是解决基层党组织党员干部服务群众、做群众工作“愿不愿”的问题，那么能力层面，就是为了破解他们服务群众、做群众工作“能不能”的问题。因为服务不是一项简单的付出，尤其随着人们需求内容的多样化、需求形式的复杂化和需求层次的不断提高，为了保证服务的质量必须要求服务人员具有较高的素质和本领。所以，如何提升基层党组织党员干部的服务能力也是服务保障机制建设的一个重要问题。

（1）注重服务培训，提升党员干部的服务能力。培训是指获得特定的知识技能，从而使组织成员能够有效地完成工作。服务培训就是通过多种方式就服务意识、服务精神、服务知识、服务技能等对工作人员进行传播、灌输和训练，使他们具备全心全意为人民服务的精神，掌握服务群众、做群众工作的有关知识与技能。

第一，要针对群众的需求来培训。服务群众就是要按照群众的需求和意愿提供服务。也就是说，群众的需求既是服务的逻辑起点，也是工作的出发点和落脚点。群众需求的多样性、发展性和无限性决定了我们培训什么以及培训达到什么状态。先要从群众的需求出发进行考虑，这样我们制定政策、提供服务才有针对性。

第二，针对不同的服务人员来进行培训。培训应区分不同层次和类型特点，根据不同层次、不同工作岗位人员的能力培养模型，分级分类施策，有针对性地进行能力建设，绝不能搞上下一般粗、左右一般齐。比如，对于党组织书记、党务工作者主要侧重于服务的领导、组织与管理能力以及系统的决策、沟通、反馈、控制、激励等方面的培训，掌握服务运行的领导与管理的基本技能；对于一般的工作人员要对其进行从事服务所必需的专业知识和相关知识以及服务技巧和技能的培训。

（2）强化实践锻炼，搭建增长才干的广阔天地。针对不同的人员分层分类地进行脱产培训是有必要的，它可以突击提升工作人员的使命意识、宗旨观念和能力素质。但是对任何组织来说，脱产培训只能是短期地、有重点地进行。因而更为关键的，也是长期而有效的做法就是把培训融入日常工作之中，让大家在工作中提升，在实践中成长。

（二）物质资源保障方面

针对服务经费匮乏和服务资源分割的现状，基层服务型党组织服务保障机制的建设，一方面要建立稳定的经费保障制度，破解服务经费匮乏的局面；另一方面要建立资源统筹机制，克服资源分散分割的瓶颈。

1. 建立稳定的经费保障制度

基层党组织服务群众、做群众工作不是抽象的、空洞的说教，它既要有能够带头服务的骨干服务队伍，也要有稳定的物力资源和财力资源。

（1）发展是解决中国所有问题的关键。服务发展是基层服务型党组织建设的主要内容之一。发展是党执政兴国的第一要务。对基层党组织而言，就是要坚持围绕发展抓党建、抓好党建促发展，充分发挥基层党组织推动发展、服务群众、凝聚人心、促进和谐的作用。

发展为基层党组织服务群众、做群众工作提供物质基础。基层党组织服务平台的建设、服务内容的兑现、群众需求的满足、民生问题的解决、服务人员报酬待遇的落实等，很多都需要靠财力说话。因此，要为基层服务型党组织建设提供强有力的财政保障，就必须坚定不移地走科学发展之路，就必须促使基层党委政府为了促进经济持续健康发展而凝聚发展力量、营造发展环境、提供发展动力。

（2）建立稳定的经费保障制度。解决基层党组织服务经费的匮乏问题，根本在于发展，出路在于通过一些制度性的安排，采取多种措施增强基层财力，确保基层党组织有资源、有能力为群众服务。

第一，通过纳入财政或企业预算来保障经费的稳定。财政预算和企业预算反映了政府和企业在一个财政年度内所要计划从事的主要工作以及政府和企业为了完成这些工作筹集安排资金的一种制度安排。因此，把村、社区党组织工作经费纳入地方财政预算；把国有企业党组织工作经费纳入企业预算；多渠道解决非公有制企业和社会组织党组织工作经费问题，是建立正常稳定的经费保障制度的主要途径之一。

第二，通过完善财政转移支付制度来保障经费的稳定。财政转移支付制度是税源向中央、向上级集中倾斜的条件下，在下级财政收入无法或者不能有效满足履行自身职能的情况下，通过资金补助的形式来有效增加下级财力的一项制度。这项制度对下级政府财政，尤其是基层党委政府的财政非常重要。

加强基层服务型党组织建设，解决服务经费的短缺问题，就必须改变“重建设、轻服务”的财政资源配置格局，就必须优化基层财政支出结构，把更多的资金投向公共服务方面，投向改善和解决民生之忧和群众之需方面。

2. 完善服务资源统筹机制

公共服务的有关理论表明，基层党组织存在的资源弥散分布和相互分割的状况可以通过组织间的相互配合、沟通协调和协商合作的资源统筹机制来加以弥补和克服。通过资源的整合和统筹，不仅可以实现资源共享、优势互补的目的，而且合作中的其中一方能够利用另一方的资源来弥补自身资源不足的短板，从而实现推动发展、服务群众、凝聚人心、促进和谐的组织目的。因此，完善服务资源的统筹机制，也是破解基层党组织服务资源困境，加强服务保障的重要举措。

（1）把区域内基层党组织的服务资源作为一个整体来通盘考虑、科学规划、有效整合，通过建立起纵横结合、区域互通、集约利用、资源共享的资源整合机制，既有效地回应基层群众利益诉求和实际需求，又有效地推动和利用体制内外的各种资源来参与服务、供给服务。

（2）在基层服务型党组织服务保障机制建设的过程中，注意实现“三个统筹”。通过加强行业统筹、城乡统筹和区域统筹来有效整合各行各业、各级各类党组织的服务资源，实现城市与乡村、工业与农业、机关与事业、部门与企业、体制内与体制外服务资源的全面统筹与协调，打破过去服务资源在地域、行业、条块、层级、城乡之间相互分割的固有壁垒，从而实现不同类型基层党组织的优势互补、资源共享和共创共建，为基层服务型党组织建设奠定一个坚实的物质基础。

（三）组织体系保障方面

组织体系保障方面就是要健全组织体系，破解组织覆盖和作用发挥上的难点，适应工作对象、内容、方式方法上的变化和需求，优化组织设置，扩大覆盖。

1. 搭建科学的服务平台

服务平台不仅能够有效地实现组织功能的转换与延伸，而且还能加强服务主体和服务客体，亦即党组织与党员群众之间的有效联结，从而能有效地增强和发挥党组织服务党员、党员服务群众的功能和作用。因此，在基层服务型党组织建设中，要破解作用发挥的难题，首先就要大力完善设施体系，为组织及其成员发挥作用提供有效的服务平台。

要构建一个科学有效的服务平台，使其真正有助于充分发挥基层党组织及其成员的战斗堡垒作用，平台的功能设计就必须涵盖管理服务、教育培训、组织培育、服务社会、文化引领和资源整合等六大功能。服务平台必须坚持以“贴近群众、团结群众、引导群众、赢得群众”为根本价值取向，以群众需求、群众满意为根本标准，以“便捷服务、便利活动、便于议事”为根本原则来进行建设。

服务平台的中心职能要以“服务群众、做群众工作”为根本任务，内容设计上要包括组织关系结转受理、文件资料查询、党务工作咨询、求助帮扶服务、教育培训服务、统计信息服务、党务干部推介、其他各种便民服务等，实现服务内容的全覆盖。服务平台的布局要坚持“区域覆盖、科学规划、合理布局、因需设置”原则，在县（市、区）、乡镇（街道）设立党务政务服务中心，在行政村（居）设立服务站，在自然村（片区）设立便民服务点，构建县（市、区）、乡镇（街道）、行政村（居）、自然村（片区）四级服务网络，从而实现服务范围的全覆盖。

2. 设计有效的服务载体

设计科学有效的服务载体既是激发基层党组织活力与动力的重要途径，也是基层党组织服务群众、做群众工作的有效抓手，亦是提升服务水平、增强群众满意度和密切党群干群关系的重要保证。因此，基层服务型党组织建设要努力探索和总结生动活泼、务实管用、行之有效的服务载体以确保党组织服务群众、做群众工作等各项工作的顺利开展。一般来说，创新服务载体要围绕群众多样化需求，坚持立足实际、尽力而为，运用多种形式和手段开展服务：

（1）围绕丰富服务内容创新载体。载体是形式，内容是根本，形式是为内容服务的。因此，载体的设计和创新一定要做到“贴近基层、贴近实际、贴近群众”。服务项目的设计要做到内容丰富，面向广大群众，使不同的群体都能体会到党组织的服务和关心，只有这样才能将广大群众团结在党组织周围。此外，要针对不同的群体、不同的阶层、不同的服务对象来设计服务载体，只有这样才能确保服务到位，不至于出现供需脱节、供需错位、供非所需的情况。

（2）围绕整合服务资源创新载体。资源是开展服务的前提和基础。当前，人民群众的各种需求日益高涨，而基层党组织服务资源的短缺性和分散性决定了服务载体的设计和创新应该以有利于实现资源共享、优势互补、互联互通为原则。比如，可以通过开展“城乡互联”“结对帮扶”“网格化管理、组团式服务”等形式来提高基层服务资源的优化整合和集约共享，从而实现服务从单兵式向区域化的转变。

（3）围绕提高服务质量创新载体。基层服务型党组织建设本身要以群众满意为根本标准，以取得群众欢迎认可的实际业绩为最终目标，这就要求服务载体的设计和创新必须以提升服务水平和服务质量为出发点和落脚点。比如，可以通过推广一站式服务、代理式服务以及深入开展结对帮扶、设岗定责、主题实践活动、党员承诺践诺、党员志愿服务等活动来激发党组织和党员的生机与活力，提高服务的实际效果和质量。

3. 创新服务的方法手段

随着经济的持续健康发展和现代科学技术的突飞猛进，各种现代化手段在人们的日常工作与生活中发挥着越来越重要的作用。基层党组织及其成员服务群众、做群众工作也要适应这种新形势新要求，不断探索和创造行之有效的方法与手段。这种创新既可以是方法上的创新，也可以是技术上的创新。方法上的创新，内容可以涵盖宣传教育、思想政治工作、联系群众、调查研究、信访工作等涉及群众利益和诉求的方方面面，方式上可以运用亲情服务、结合渗透、教育引导、沟通协商、群众自治、典型示范等方式来探索与基层服务型党组织建设相适应的群众工作新方式。

技术上的创新，主要是适应信息化的发展趋势，在手段上进行创新。基层党组织服务群众、做群众工作要紧跟科学技术的发展趋势，积极应对互联网、移动互联网络等新媒体对传统服务以及群众工作的挑战，认真探索网络环境下加强和改进基层党组织服务的举措。应抓住网络传播速度快、覆盖面广、影响大的优势，通过建立网上党支部、网上民情通、党员 QQ 群、党员微信群、党建论坛、网上党校等，在网上进行信息公开、党员管理、公共服务和收集民意，探索在信息化条件下构建基层党组织服务格局的有效途径，从而拓宽服务群众、做群众工作的渠道与阵地。

第五节　基层服务型党组织的评价机制

“党组织建设质量评价体系是推动全面从严治党、提升党建工作质量、落实党建工作责任的关键举措。”① 基层服务型党组织建设的效果如何，是否真正履行了服务群众、做群众工作的主要任务，这归根结底要靠一套有效的评价机制来推动和解决。建立一套科学合理的评价机制，不仅可以使服务机制形成一个有机联系的整体和一个相互衔接的系统构造，还可以使服务群众、做群众工作成为基层党组织的一种自我激发的社会过程，从而推动基层服务型党组织建设。

一、服务评价机制的界定

基层服务型党组织建设中的服务评价，既具有一般评价和服务评价的共性与特点，又具有其他类型组织（包括服务行业和服务型政府）所不具有的特性和内涵。具体来说，服务评价是指对基层服务型党组织建设业绩和成效的一种特定的评判和研究，是由一定的评估主体运用科学合理的评价指标、评价标准和评价方法，对基层党组织及其成员服务群众、做群众工作的数量、质量和满意度等进行客观、公正的评价。

基于此，服务评价机制就可以界定为通过一系列制度设计和制度安排使评价主体、评价对象、评价内容、评价程序、评价方法、评价结果的运用以及评价的组织与领导等考核评价工作的各组成部分或各构成要素之间形成一种稳定的、有序的、持续的相互联系和相互作用，以此产生整体功能之总和。

二、服务评价机制的要素

（一）评价主体

评价主体讲的是在基层服务型党组织建设过程中由谁来评价基层党组织及其成员服务群众、做群众工作的服务业绩和实际成效问题，一般分为内部评价主体和外部评价主体。内部评价主体是指从评价对象内部产生的主体，比如，基层党组织自身、上级党组织；外部评价主体是指由评价对象外部产生的主体，比如，目标群众、第三方机构等。

---

①张媛. 基层党组织建设质量评价体系与保障机制研究［J］. 船舶职业教育，2022，10（3）：62.

（二）评价对象

评价对象是指“评价谁”的问题，它和评价主体构成了服务评价的一个相对应的范畴。在服务评价实践中，评价对象既可以是基层党组织这个整体，也可以是实施的服务项目、计划或政策，还可以是基层党组织中从事服务群众、做群众工作的党员干部个体。也就是说，可以从以下三个不同的侧面和角度来理解评价对象：

第一，宏观层面，服务评价是对各类基层党组织是否达到有坚强有力的领导班子、有本领过硬的服务队伍、有功能实用的服务场所、有形式多样的服务载体、有健全完善的制度机制、有群众满意的服务业绩目标的评价。

第二，中观层面，是对各类基层党组织履行服务群众、做群众工作的主要任务，发挥组织战斗堡垒作用的评价，或对基层党组织服务群众、做群众工作过程中实施的服务项目、计划和政策的评价。

第三，微观层面，是对党员干部个体服务意识、服务态度、服务能力、服务作风、服务业绩和发挥党员干部先锋模范作用等方面的评价。

因此，选择哪个或哪几个层面作为评价对象往往要根据基层服务型党组织建设和服务评价的实践需要来进行。

（三）评价内容

评价内容是指“评什么”的问题。基层党组织服务群众、做群众工作内容千差万别，为了进行科学的服务评价，必须提炼出评价的核心内容。一般而言，理念是行动的先导，不同的评价理念决定了不同的评价内容。

基层服务型党组织的服务评价，评价内容不能完全只限定于哪一个方面，而应该把以过程为导向和以结果为导向结合起来，既要注重对服务过程进行考核评价，更要注重对服务结果进行考核评价，把过程与结果有机地结合起来。

例如，对基层党组织作为一个整体进行服务评价，我们既可以在评价内容上关注组织服务的政策、制度、结构、过程、保障等，也可以关注组织服务的业绩和群众的反映等。同样，对党员干部个体我们可以更多地对他们的服务意识、服务态度、服务作风、服务满意度进行评价，也可对他们服务的合规性、效率性、程序性进行评价。

总而言之，在服务评价实践中，我们不要把过程导向和结果导向截然分开，认为它们是一个非此即彼的关系。实际上，在评价内容的确定上，他们二者是完全可以结合和融合起来的。

（四）评价的方式、方法与程序

服务评价机制包括“谁来评”“评价谁”“评什么”“怎么评”和“如何对待评价结果”等问题，评价的方式、方法与程序就是解决“怎么评”的问题。

1. 评价方式

评价方式是在总体上考虑或者概念化一个评价的方式，它通常包含特定的哲学和一系列价值观。一般而言，评价目的和评价时间的侧重点不同，决定了评价方式的选择。从形式上看，它可以表现为前瞻性的、形成性的、总结性的，也可以表现为参与式的、综合式的、满意式的。前瞻性、形成性和总结性是基于时间点的不同而言的，而参与式、综合式、满意式是基于侧重点的不同而言的。

前瞻性评价有时也被称为事前评价，一般在服务的计划、项目实施之前进行，旨在分析群众的问题、诉求与需求，预测服务的成本以及服务的计划、项目和政策实施后的效果，评估什么样的服务活动和服务行为最有可能受到群众的欢迎与认可。

形成性评价重在研究计划、政策或项目执行的方式，主要检测项目事先假设的运行逻辑与实际情况是否一致。比如，各项服务活动是否已按计划实施或尚未实施，计划安排与服务效果之间存在哪些偏差，党员干部的服务能力作风如何，人财物方面的保障怎样，在实施阶段出现了哪些未预见的结果和成效等。由于形成性评价一般在服务计划和服务项目实施阶段进行，所以也称为过程评价。

总结性评价一般在服务结束之后进行，常被称为结果或影响评价，主要侧重于评价服务群众、做群众工作的结果、效果和影响，目的主要在于区分优劣，进行奖惩，总结教训，帮助上级和有关基层党组织做出有关继续、复制、扩大规模或终止某一服务活动、项目、计划或政策的决定。

参与式评价把“利益相关者”的概念引入服务评价实践，通过“利益相关者”参与确定评价问题、收集和分析数据、起草和评审报告等，共同承担评价规划、实施和汇报的责任。一般来说，由于参与式评价可以增强评价结果的可信度，提高评价结果应用的可能性，因而越来越受到关注。

综合式评价是在对有关某一服务活动或服务项目已经开展了许多评价的基础上，收集、评估所有相关评价的质量并总结他们的结果，是为综合评价。这种评价方式于上级党组织对基层党组织，或者基层党组织对本辖区内的各部门、各领域、各行业党组织的服务评价而言是适用的。其优势是使用已进行的评价和研究，可以减少成本，并为评估结果和影响打下更强有力的基础。

满意式评价又称为满意度评价，满意度评价主要关注群众对基层党组织及其成员服务群众、做群众工作的主观评价，主要追求群众对基层党组织及其成员所提供的服务的数量、质量以及方式等方面的满意度。这种评价是通过测量群众的感知服务质量来实现的。

2. 评价方法

为了科学地评价基层党组织及其成员服务群众、做群众工作的成效，提高评价结果的质量，应当选择恰当的评价方法。

一般来说，如果评价主要关注的是"事实"，那么评价方法的选择应侧重于实证研究。这种实证研究，它往往会更多地采用观察法、问卷调查、实地访谈、专题小组、专家评判、德尔菲法、统计抽样、成本—效益分析、（准）实验研究设计、多元回归分析、投入产出分析以及系统分析等一系列实证分析技术。

如果评价主要关注"价值"，那么，评价方法的选择应该侧重于采用价值分析或定性分析。在目前的服务考核评价实践中，许多地方或部门只是简单地根据个人感觉与判断来进行打分或评级。这种评价主要是凭感觉打主观印象分，既没有对服务目标实现情况的跟踪监测，也没有对服务业绩变化情况原因的科学分析，反映的只是评价人员的一种主观判断，因而在某种程度上带有很大的定性色彩。

总而言之，在服务评价实践中，任何评价方法都各有各的特点，各有各的不足。我们要做的是要改变目前评价实践中过于简单化的这种倾向，提高服务评价的科学性，真正做到把价值分析与实证研究，也就是要把定性分析和定量分析有机地结合起来，提高评价结果的可靠性和有效性。

3. 评价程序

在服务评价中，评价主体与对象的选择、评价方式与方法的确定、评价指标体系的制定、评价主体的技能培训和评价系统的调整完善等一系列步骤环节并不是一个相互独立、彼此分离的状态，而是一个相互联系、有机衔接的线性过程。其中，每个环节在服务评价的过程中都具有极为重要的意义，并对服务评价的结果产生深刻影响。因此，评价程序也是影响评价效果的一个不可忽视的重要因素。设计一套科学合理的操作程序是开展服务评价需要优先解决的一个重点课题。

三、服务评价的反馈

服务评价机制的重点不仅仅局限于持续地提供评价结果，而是要将基层服务型党组织建设及其服务群众、做群众工作的成效和结果及时地反馈给合适的使用者，使其更好地为基层服务型党组织建设服务。但是，基层服务型党组织建设的利益相关者是否以及如何使用评价结果，很大程度上取决于评价人员是否对评价结果进行了传递与反馈，特别是进行了具有说服力的传递与反馈。评价结果的有效传递与反馈是评价使用的前提和基础，而在这一过程中最重要的媒介是评估报告和结果的陈述。

（一）书面总结

书面评估报告是信息使用者获悉基层服务型党组织建设绩效状况的最主要途径。评价人员通过形成和提交书面评价报告，一是可以记录已被执行的服务评价情况，二是可以回答关于评价发现的问题或关于评价方法论的问题，三是可以作为支持基层服务型党组织延续、扩大、改善、调整或终止某一项或某几项服务群众、做群众工作的政策、计划或活动的证据，四是可以作为基层党组织服务群众、做群众工作的评价档案以备他人日后审查和利用。

要使评价报告被基层服务型党组织的相关建设方或服务方所采纳和利用，书面评价报告就必须得到清晰、准确的表达，并且其中的表达方式也必须有助于建设方和服务方充分有效地利用其中的信息。

（二）口头陈述

一般来说，人们更加喜欢面对面的交流方式。通过个人之间的对话，比通过书面材料，更容易实现学习活动。理由在于人们会更关注真人而不是纸上的总结文字。因此，服务评价结果也可以通过口头汇报或陈述的形式向基层服务型党组织建设的领导者、主管者、建设者和服务者呈现，而且面对面的汇报或陈述也更有效率和更具针对性。它可以根据汇报和交流的对象而做调整，也可以提出并回答有关服务评价的特定问题，甚至可以由面部表情的反馈来说明困惑的程度、怀疑的情况或同意与否，而这些就会给评价人员提出改进表述或汇报的信息。

向基层服务型党组织的领导者、主管者、建设者和服务者以及其他利益相关者传递评价报告是为了促进评价结果的运用，最终达到改善基层服务的作用。对基层服务型党组织建设的考核评价工作常常是随着书面评价报告的归档而宣告结束，忽视了对评价结果的传递、反馈和运用，这是我们当前基层服务型党组织建设考核评价工作的一个缺陷，也是服务评价机制亟须解决的一个问题。

四、评价结果的运用

（一）提高服务评价报告的质量

基层党组织是否以及如何使用评价结果，很大程度上取决于评价人员是否在评价反馈过程中成功地对评价结果进行了具有说服力的描述，也就是取决于评价报告的质量。评价涉及多个学科，同时需要多个专门技能，但是当前基层很多地方都缺乏训练有素的专业化的评价人员，已有的能力素质也参差不齐，由此造成了评价报告质量不高，这是导致当前许多地方对基层服务型党组织考核评价结果不够重视的一个重要原因。

为了加强评价结果的应用工作，就要从评价机构和评价人员的能力建设方面下功夫，实施评价人员能力建设计划。通过开展一系列评价工具、方法、途径和概念方面的培训，来培养和建设一支训练有素的党员领导干部和非常擅长评价的专家和技术人员，既保证评价者能够客观、科学地开展服务评价工作并提供优质的评价信息，同时也保证从事基层服务型党组织建设的党员领导干部拥有监督、管理评价和利用评价结果所必需的技能和经验。做好这些基础性的工作，是提高评价报告质量，推动评价结果应用的一个重要前提。

（二）提高水平，创造需求

1. 提高利益相关者的参与水平

评价结果的应用不仅反映了对评价人员的技术能力需求，还反映了对主要利益相关者——比如，基层服务型党组织的建设者、服务评价的委托者、服务群众的具体实施者等的参与性需求。在服务评价过程中，如果评价人员与基层党组织的领导班子成员以及具体服务工作的组织者、实施者等主要利益相关者之间进行深入的对话、沟通和交流，提高他们的参与水平，那么就不仅能够弄清楚他们的各种利益、价值、需求和对评价的看法，能够将其知识和经验用于服务评价的规划、设计和实施上，而且还可以通过形成信任氛围提高对评价实施的认同，这样也增加了把最终评价结果反馈并运用到基层服务型党组织建设中的机会。

2. 创造评价结果的利用需求

服务评价结果的应用还取决于基层党组织对评价信息和评价结果利用的向往和需求。需求越强，越能促进评价信息和评价结果在基层服务型党组织建设中的运用。一般而言，刺激基层党组织使用评价结果的激励诱因有三个：胡萝卜、大棒和训诫。

胡萝卜是指为开展服务评价以及利用评价结果提供积极的鼓励和奖赏。例如，对有效开展服务评价并利用评价结果的党组织给予公开表扬和财政激励。

大棒是指对没有认真对待服务评价及其结果的组织与工作人员给予负激励或惩罚。比如，对评价报告的利用提出正式的要求，对未能制定评价结果应用计划的基层党组织给予批评或财政处罚；在不同的组织之间进行评价结果运用对比对于凸显是否运用以及运用得好坏与否特别有效。

训诫是指对赞同和拥护评价结果利用重要性的上级声明，包括提高基层党组织领导人对评价结果运用的认识以及向他们解释运用评价结果对加强基层服务型党组织建设有什么好处和价值等。

通过引入和创造这种服务评价结果运用的激励诱因，来强化需求，鼓励使用评价结果，从而使服务评价机制进一步制度化，支持和改进基层服务型党组织建设。

（三）建立健全有利于评价结果的制度

1. 建立和健全服务评价法律制度

法律法规的强制作用对于促进考核评价结果的运用和推广具有决定性的意义，它有利于基层服务型党组织服务评价活动持续地、经常性地开展下去。建立和健全评价法律制度是实施服务评价以及结果运用的关键，这也是评价结果得到有效运用的国际经验。出台一部比较系统的法律文件，为评价结果的运用提供法律依据，再加上一系列操作性强的配套法规，既会确保服务评价在一个比较规范的框架体系下开展，又会促进结果的运用。

2. 建立和健全有利于评价结果运用的相关配套制度

服务评价结果的应用是一项复杂的系统工程，必须与其他配套的制度措施有机地融为一体，形成一种制度合力，才能保障评价结果的科学和有效利用。比如，服务评价结果运用机制的建立，除了法律法规体系的建立，还必须建立强有力的结果运用监督机制，将结果运用与问责制联系起来。还要建立服务评价信息和评价结果的公开制度。

第四章 基层服务型党组织建设的实践新格局

第一节 实现为民服务理念的人本化科学化

把互联网应用在党建的服务和管理方面，在全国已经进行了有益的探索，无论是在党建网站建设，还是在微信、微博、党建 APP 的应用上，都取得了显著的成效。面对新一代网络信息技术的蓬勃发展，把互联网技术应用到基层党建服务中是历史发展的潮流，大势所趋。而把互联网技术应用到基层服务型党组织建设中也有很多成功的案例。展望未来，运用互联网创新基层党组织的活动方式，拓展服务载体，变革党员教育管理和服务方式，打破地域、时空界限和党组织间的壁垒，有效整合党的组织资源，才能推动基层党建工作向深度和广度发展，也才能开创基层服务型党组织建设的新局面。

“建设基层服务型党组织，努力提高党组织服务人民群众的水平，是新时期稳基层强基础促发展构和谐的必然要求，也是党和国家长治久安、各项事业兴旺发达的重要保证。”① 基层服务型党组织实践模式新格局的实现必须围绕着“六化”开展工作。而只有筑牢“三大工程”，才能真正实现“六化”目标，从而构建基层服务型党组织建设实践模式的新格局。

一、“铸魂工程”概述

“铸魂工程”就是党的思想建设。思想建设贯穿于党的各项建设中，是党的基础性建设。服务型党组织建设中需要基层党组织付出实际的服务行动，行动的坚定源自内心的笃定，只有先内化于心方能外化于行。基层服务型党组织建设实践模式新格局的构建要在思想理念方面牢固树立为民服务思想，其理念上必须实现人本化和科学化的要求。通过思想建设的大力加强，深化基层党组织和广大党员为民服务的理念，实现为民服务理念的人本

①吴慕君. 试论推进基层服务型党组织建设 [J]. 党建研究（北京），2012（10）：34.

化和科学化要求。

（一）“铸魂工程”在基层党建中的地位

党的建设是一项伟大工程，如同任何社会、组织、人体系统一样，都有其自身结构，并且结构中都有一个内核。思想建设就是党的建设的内核。一方面，党的各项建设的内容抽丝剥茧后都是思想建设的实质；另一方面，党的各项建设都要用思想工作方式，传递信息、凝聚共识、校正认识、指挥行为。

政治建设的首要任务是维护党中央权威和集中统一领导，因为党掌握着马克思主义的普遍真理，代表着最广大人民的根本利益和愿望。政治建设如果没有深厚科学的理论作为思想基础，就可能表面化，就会影响党的领导。又如组织建设，“组织起来就有力量”，因为组织的章程、纲领、主张和信仰吸引人，能够把无产阶级的优秀分子集中起来、组织起来。再如，作风建设，党性是作风建设的内在根据，作风是党性的外在表现。党性就是理想信念、宗旨意识、道德境界、高尚情操等思想内容，所以经常把思想作风建设放在一起。思想建设具有普遍性作用和基础性意义，思想建设没有根基，号召不了人；政治建设没有指引，会失去方向；组织建设没有目标，凝聚不了人；纪律和制度建设不体现灵魂，就会各自为政。因此，思想建设贯穿于党的各项建设中，是党的基础性建设。

在基层服务型党组织建设的过程中，要高度重视思想建设。在基层服务型党组织的建设中，其中的精髓是服务。行使服务的是基层党组织。被服务者是人民群众。服务者是否有服务意识、对人民群众是否有情有心，这些都是建设基层服务组织的关键问题。真挚深厚的思想情感不会自发产生，必须依靠思想建设来完成。

此外，服务型党组织建设落脚于“服务”二字代表着基层党组织要付出实际的服务行动。只有笃定的内心，才能有坚定的行动。外化于行的先决条件是内化于心。所以，只有以人民为尽力服务好的对象，坚定马克思主义观念，无私地服务人民群众，明确以服务为导向的功能定位，强化服务群众的责任意识和宗旨意识，将服务群众作为矢志不渝的价值追求，才能为基层服务型党组织建设筑牢思想基础。基层党组织和党员只有从思想上明确服务理念、铸牢服务意识，才能将服务真正落实于行动与工作中。

构建服务型党组织实践模式新格局的过程是一个思想解放和转变的过程，破除旧的思想观念影响非常关键。如果对建设服务型党组织心存恐惧，过度依赖管理方式，严重影响服务型基层组织建设的进程。

（二）“铸魂工程”的实现路径

要加强思想教育，打造“铸魂工程”。打造“铸魂工程”从以下方面进行：

1. 提高领导干部思想站位，增强服务意识

党员干部要真心服务群众，领导干部需具有人民公仆的意识，从官本位的站位中走出，摒弃得过且过的懒惰懈怠思想，由此提高领导干部的战略高度和眼光，意识到基层服务型党组织的重要性。社会主义现代化建设最困难的在于经济相对落后区域，也就是基层群众所在。而做好服务型工作，就是社会主义现代化建设必不可少的条件。基层群众能否生活幸福，基层工作能否使得群众满意，都关系到基层服务型党组织意识的建设。只有教育好党员干部，把群众放在第一位，一切以服务群众为宗旨，让人民群众真正满意，才能真正做好基层服务型党组织建设工作。

2. 在创建活动中加强教育以深化服务理念

通过教育，把服务变成基层党组织和党员的理想和信念，服务才会成为基层党组织和党员的自觉行动，党为人民服务的宗旨也才能落地生根，开花结果。同时，创建基层服务型党组织的过程，就是树立服务意识，践行服务理念的过程。例如，遵义市在创建基层服务型党组织建设中，以“三服务”为主题，在健全服务机制、创新服务载体、深化服务内涵、增强服务手段上努力，牢固树立“领导就是服务，指导就是帮助”的意识，不断强化服务功能，把服务作为服务型党组织创建活动的核心与精髓。

3. 在坚持群众路线中深化为群众服务理念

群众路线是中国共产党的生命线和基本的工作路线。群众路线的内容就是一切为了群众，一切依靠群众，从群众中来，到群众中去。在创建基层服务型党组织建设的过程中，针对群众要求的多样化多元性，基层党组织想方设法解决难题，上下联动，设法满足群众利益的过程就是践行“从群众中来，到群众中去”的要求，而“为了群众、依靠群众”则反映了服务的中心和主体的要求。通过坚持群众路线，基层党组织的服务观念得到加强。

二、为民服务理念的人本化

为民服务理念的人本化就是针对服务对象的多元化、差异化的要求，在服务内容上体现全方位、多层次、宽领域的服务，在机制制度的设计安排上体现服务理念的人本化要求。

（一）为民服务理念的解读

理念一般意义上讲是指观念或者观点。理念既指人的理想，又指人的信念，这是人心中能够坚实确定的东西，是以人的思想为指导，笃定认知某件事的最虔诚状态。对中国共

产党来说，党的宗旨是“全心全意为人民服务”。“领导就是服务”，即是对社会公共事务和国家事务的管理，从本质上说就是一种服务。中国共产党只有更好地服务群众，才能得到人民群众真心实意的拥护和支持。基层服务型党组织建设，就是要抓住“为民服务”这个关键和根本，在创建中深化为民服务理念，牢固树立为民服务理念。基层党组织和广大党员是创建基层服务型党组织的中坚力量，只有他们从思想深处筑牢服务群众的理念，才能在行动上践行，从而为建设基层服务型党组织贡献力量。

（二）为民服务理念的人本化的要求

为民服务理念最基本的要求就是人本化的要求。服务理念的人本化就是围绕着服务对象的多元化、差异化的要求展开服务。即在服务内容的要求上，应当是全方位的、多层次、宽领域的服务。就基层党组织而言，不同类型基层党组织在服务内容上是有差异性的。在社会发展的不同时期和不同阶段，服务的内容和形式、服务的客体和主体、途径和方法、目的和手段都会有差距的。从总体上讲，基层党组织都应该发挥战斗堡垒作用，都是党的全部工作和战斗力的基础。但是党的基层组织涉及面很广，不同类别组织中的党组织的职责定位是有区别的，因此基层服务型党组织建设围绕服务的根本要求，就要突破基层党组织的传统职责功能，积极探索服务的具体内容、实现服务的方式和平台，以实现服务理念人本化的要求。

具体而言，农村基层服务型党组织建设的服务客体是农民群众，服务的核心就是要解决农民群众致富的问题，因此对广大农村基层党组织而言，服务理念的人本化要求就是要服务发展，要促进地方经济进步。例如，遵义服务型党组织建设之所以成效明显，最重要的就是抓住了服务发展的要求，从服务当地经济欠发达的情况出发，整合上下级资源，一起服务经济建设发展，得到群众和领导的认同。而就城市社区基层党组织而言，主要是承担领导服务社区社会事业发展的需要，特别是城市社区，基层党组织服务的客体是居民，为社区居民一切具体事务组织好服务好就是人本化要求的体现。而就企业党组织而言，既要为企业转型升级服务好，同时也要对企业的职工具体事务服务好，二者兼顾才是人本化的要求；而各机关党组织，则要积极促进机关人员和资源下沉，为其他基层组织提供好政策服务、人才服务。

（三）为民服务理念的人本化的实现

基层服务型党组织的创建之所以取得实效，主要是在深化服务理念上出实招、求实效，突出了服务理念的人本化要求。强调上级对下级的服务、党组织对党员干部的服务、党组织之间和党员之间的互帮互助，同时更加注重保障党员权利、广泛关注民生；同时，基层党组织要深入了解党员群众的思想、学习、工作和生活需求，积极做好服务工作。

第一，政治上引导。经常性地对党员进行理想信念、职业道德、社会主义核心价值观教育，认真落实党内民主选举、民主评议、党员评议干部、党务公开等制度，通过完善“三会一课”，强化党内组织生活，提升党员的政治理论修养。通过开展各种技能培训，提高党员群众综合素质；充分信任群众，尊重群众首创精神，为群众搭建各种成长发展平台。

第二，生活上关心。通过开展送温暖工程，建立健全党内关怀制度，采取多种方式对生活困难党员群众实施救助；开展心理辅导，舒缓党员干部的工作、生活压力；成立文体协会，举办丰富多彩的活动，为职工营建积极向上、温馨和谐的工作生活氛围。

第三，在机制制度上体现服务理念的人本化要求。基层组织处于一线，直接面对群众。尤其针对广大农村群众居住分散、办事不便的特点，采取集中办公、代理代办、上门服务、信息服务、应急服务等灵活多样的方式，以机制制度的创新来实现服务的人本化要求。

三、为民服务理念的科学化

科学化的最基本定义就是要抓住质的规定性。为民服务理念科学化即基层党组织和广大党员牢牢抓住为民服务的本质要求，探索实现这一要求的理论方法和制度。在创建服务型党组织建设的过程中，实现服务内容和方式以及服务对象的精细化就是服务理念科学化的要求。

（一）为民服务的科学化的要求

科学化最基本的就是要抓住质的规定性。科学就是规律，科学化就是找出规律，发现规律，运用规律。科学化还体现在要以科学的理论武装，以科学的制度保障，以科学的方法推进。在建设基层服务型党组织过程中，为民服务理念科学化的要求，即基层党组织和广大党员牢牢抓住为民服务的本质要求，探索实现这一要求的理论方法和制度。

实现为民服务理念科学化在理论上的要求就是以人民为中心的发展思想和党的创新理论来武装广大干部和党员头脑，做到入脑入心。要以科学的制度来保障为民服务理念的实现。科学的制度首先是管用的、符合标准的，是能够在实际中取得实效的。因此，为民服务理念的实现要以服务制度的标准化和精细化作为保障。如果构建的为民服务的制度没有达到标准化和精细化的要求，为民服务的理念就不能落实到行动上，就不能体现其科学化的要求。为民服务理念还需要用科学的方法来推进。数据统计分析法、对比分析法、示范带动方法、阶级阶层分析法等都是科学方法的体现。运用上述方法才能推进为民服务取得实效，实现为民服务理念的科学化。

（二）为民服务的科学化的实现

在创建服务型党组织建设的过程中，实现服务内容和方式以及服务对象的精细化是服务科学化的要求。例如，遵义市在基层服务型党组织建设的过程中，不仅明确提出“三服务”，即服务发展、服务基层、服务群众的主题，而且还明确了其精细化的内容要求。服务基层主要是指上级组织对下级组织的服务上，这种服务不能只强调任务和责任，而应当换位思考，重视解决基层的实际困难和问题，从政策出台、平台搭建、人才选用等上做好细化服务。从对党员的服务上看，通过建立服务阵地和开展一系列的活动，来实现对党员服务的精细化。例如，遵义市建立远程教育教室、图书馆、爱心救助站、流动党员服务中心作为流动党员的接纳地，实现流动党员从组织接纳、工作接纳到心灵接纳的转变；建立非公企党建指导站、文体活动场所等阵地，还开展党组织与党员结对帮扶活动，设立党内帮扶资金，设置党务咨询热线等。这些阵地创建和各种活动的开展，对党员服务的内容从物质、精神、文化、生活便利方面都体现了精细化的要求。

创建服务型党组织建设过程中，对服务对象做到精细化也是科学化的要求。例如，推行“网格化管理、组团式服务”，在设置网格和划分网格上，围绕精准原则的要求，实现了服务对象的精准化，在精准化的基础上，有针对性地开展细化服务。通过建立以基层党组织负责人为组长的服务型党组织建设领导小组，强化精细化服务的组织力、推动力。吸纳优秀人才加入党组织，通过党建工作的有效延伸不断扩大基层党组织服务工作的覆盖面，强化精细化服务的人才保障。推行“网格化管理、组团式服务”，以党小组为基本单元网格，强化党小组的管理，发挥党小组的能动性、创造性，通过组建机关党员服务队、学雷锋活动小组以及各种志愿服务队，深入一线、深入业务、深入广大职工当中，帮助职工群众解决各种困难。在建设服务型党组织过程中切实做到服务理念的精细化要求。

第二节　实现服务平台载体的多样化集约化

一、“基础工程”概述

为了确保为民服务理念的实现，筑牢基础工程非常关键。只有科学的平台载体才能有效推进基层服务型党组织建设。通过平台载体的运作，调动广大党员参加创建工作的积极性、主动性，充分发挥先锋模范作用的同时，也使基层党组织和党员群众得到实惠，享受实实在在的服务，进一步提高基层党组织的凝聚力、影响力、战斗力。而要发挥好平台载体的作用，创新多样化的服务平台载体，整合平台载体资源实现服务集约化，才能最终构建基层服务型党组织建设的新格局。

为了确保为民服务理念的实现，筑牢基础工程非常关键，基础工程就是基本条件。创建基层服务型党组织建设需要的基本条件就是“基础工程”。基层服务型党组织建设的“基础工程”具体来讲就是指平台和载体，即运作平台和实施载体。

（一）平台载体的认知

“平台”在汉语词典中主要是指楼房的阳台、景观观赏平台、屋顶平台、晾晒平台等，现引申为进行某项工作所需要的环境或条件。工作的差异性、层次性、专业性的特点，决定了平台的层次性和专业性要求。有的工作只是短期的、临时的，所以也决定了平台的时间性特点。尽管平台有不同的特点，但是平台对开展工作是非常重要的，离开了一定的条件，工作就没有办法开展。创建基层服务型党组织是一项重要的长期性的工作，离开了平台，基层服务型党组织工作就没有办法进行。

“载体”这个词最早是用在化学上，其主要定义是指能把元素或者原子团从一种化合物中分离出来带到另一种化合物中去的物质，现也泛指一切能够承载其他事物的事物。载体分为领导载体、协调载体和群团载体三类。在基层服务型党组织建设过程中，通过三类活动载体，一方面，调动所有党员参加创建工作的积极性、主动性，充分发挥先锋模范作用，进一步带领和带动人民群众参与的积极性，实现党员服务群众的要求；另一方面，通过活动载体，使各种组织和全体成员得到实惠，享受实实在在的服务，进一步提高党组织的凝聚力、影响力、战斗力，确保服务型党组织建设取得实效。

（二）平台载体科学化

在创建基层服务型党组织过程中，各示范点都搭建了很多有特色的载体平台。只有科学的平台载体才能有效推进基层服务型党组织建设，而平台载体科学化的要求主要体现在以下特性上：

1. 系统性

系统性就是要求创建平台载体要体现系统的整体规划和总体框架。例如，遵义市基层服务型党组织的创建中，提出了“三个服务”“四级网络”“五大体系”和“五个提升”

的整体规划的总体要求。此外，“三个服务”“四级网络”“五大体系”和“五个提升”在服务内容、运作机制、服务方式上看，体现系统性的要求，其内容涵盖了许多事务，包括党务、政务、经营和生产、基础设施建设、社区事务、民众意见等；其机制是四级服务的体系，从县级开始，到乡镇再到村，村再划分片区。这样一体化的开放式平台，整合了党务、政务和社会的资源；其办公方法包括集体办、代理办、亲自上门办等灵活又快捷的方式，能最大限度地全面实现群众的方便，让群众放心办事。确保群众在自己的村、镇和县就能处理好自己的事。如此才是基层服务型党组织的实际功效。

2. 前瞻性

科学平台载体的前瞻性体现在两个方面：一方面，科学平台载体的设立可以有效地解决当前基层党组织建设中面临着的根本的关键的问题，做到有很强的针对性；另一方面，面对未来基层党建中出现的新问题，科学平台载体能根据发展趋势，探索解决。运用互联网技术作为基层服务型党组织建设的载体平台，“互联网+”服务的提出，既可以解决当前基层党组织中的一些难题。例如，对流动党员的服务、学习和管理等，又能应对今后基层服务型党组织建设面临的诸多问题，互联网载体平台的前瞻性是非常突出的。

（三）平台载体与基层服务型党组织

随着改革开放的深入和市场经济体制的确立，农村和社区党的建设出现了许多新的特点，单位的特征已经演化成市场经济时代的社会人特征，党员群众过去能够依靠单位解决的问题如今已经变得越来越困难。基层党组织如果缺乏为群众提供服务的固定场所和办公场地，将会严重影响党员群众办事的便利化。此外，分散办公会导致服务资源分散，人民群众办事中间环节多，费时费力增加成本，影响服务效率。只有搭建起多元的创新平台，才能建设好服务型党组织。“四级网络”平台解决了缺乏服务阵地的问题，切实解决了以往基层无办公阵地、载体多而分散、资源整合难和服务不到位等问题，有效减少了群众办事“门难进、人难找、脸难看、事难办”和“不给好处不办事”的现象。依靠创新的平台解决基层服务型党组织建设问题体现出平台载体对基层服务型党组织创建具有巨大作用。

二、服务平台载体的多样化

由于城乡之间、地区之间存在着交通、人口分布等方面的差异，加之各基层党组织之间，职能和权限不同，所能支配和调动的资源范围也是不同的。因此，在基层服务型党组织创建过程中，各地应根据实际情况因地制宜，创造出多样化的平台载体，以适应服务群众的不同需求。服务平台载体的多样化的创新要经过艰辛的探索过程。按照“六有”目标的要求来创新，才能构建基层服务型党组织建设模式的新格局。

（一）服务平台载体多样化的必要性

1. 群众需要的多元化

由于城乡之间、地区之间存在着交通、人口分布等方面的差异，在基层服务型党组织创建过程中，各地根据实际情况因地制宜，创造出多样化的平台载体，以适应服务群众的不同需求。

随着经济社会的发展变化，人民群众的需求已经从物质文化的需求转到对美好生活的需求。加之中国社会发展的不平衡性带来了各社会阶层群众的多元化需求，以服务群众为主要目标，根据群众的多元化需求，打造适应这种多元化需求的平台载体、创建基层服务型党组织非常重要，创新平台载体多样化是建设基层服务型党组织的关键。

2. 党的基层组织权限不同

党的基层组织包括县（市、区）、乡镇（街道）、村（社区）等基层的党组织，由于它们的职能和权限不同，所能支配和调动的资源范围也不同，所以在创建基层服务型党组织的过程中，它们发挥的作用也是不相同的，根据它们的职责职能建立起来的服务网络平台，其功能也不一样。根据不同的功能建立多样化的平台载体才能确保基层服务型党组织建设目标的实现。以下，以遵义市基层服务型党组织建设为例，说明根据党的基层组织权限不同，建立多样化的平台载体的必要性：

在遵义市的创建活动中，县（市、区）要对党建工作做好管理工作。具体的统筹工作包括关爱特殊党员群体，使得党员的权利得到保证，并且发挥服务职能。在业务上，要培训党员干部，让远程教育工作开展起来，加强信息技术工作。特别是政府机关、国企等单位，更要做好党群工作的服务工作。因此，要建立党务服务中心平台来落实好这些职责。

乡镇（街道）重点是要统筹管理好党群社会工作，这里面重点有基层的党建工作，搭建远程教育的平台，城镇乡镇的综合治理，对上访信访成员的接待。还要加强对公服务，让政务和社会事务的服务工作更到位。城乡的基层党组织要共同进退，各地机关单位要协调发展。所以，建立党务政务综合服务中心平台来实施这些职责。

村（社区）主要是在基础事务上下功夫。村社区教育资源珍贵，要重视远程教育。村中医疗卫生、物资购买等最基本的生活要得到保障。党员群众要起到示范带头作用，主动帮助困难群众。要发扬讲文明树新风的精神，收集群众的意见，让群众满意，促进农村社区发展，因而建立综合服务站来认真落实。村民组（居民小区）成立便民服务点，打通服务群众的“最后一公里”，构建党组织和党员服务群众的四级服务平台载体。

（二）服务平台载体多样化的要求

服务平台载体多样化是建设服务型党组织的基本要求，因此，要加大建设的力度。要按照“有场所、有设施、有标志、有党旗、有书报、有制度”的“六有”标准，提升平台载体建设的层次，在强化服务功能上更加努力。同时，对于网络平台载体的建设也在加大力度，要充分利用互联网技术带来的发展机遇，着力构建“互联网+基层服务”的多样化平台，以建立服务网站、QQ群、微信群等方式方法，着力构建全方位、多层面的“互联网+党建服务”的平台。

此外，要切实加强对服务平台载体的管理使用和工作，制定出管理和使用办法，明确管理责任，注重作用发挥，保证运行维护，以管促用，以用强管。要按照“组织一体设置、工作一体谋划、制度一体完善、活动一体开展”的原则，把党员群众服务中心整合为多位一体的阵地，以党的基层组织建设带动基层工会、共青团、妇联组织建设，构建党员群众服务中心服务党建工作“一体化”格局，使活动场所真正成为联系党员群众的“桥梁”、服务党员群众的“窗口”，提高基层党组织和群团组织服务群众、服务社会的能力和水平。

（三）服务平台载体多样化的实现

服务平台载体多样化是实现服务多元化的前提，而要实现服务平台载体的多样化需要经过艰辛的探索。要抓住平台载体多样化创新的要求，经过长期探索而实现平台载体多样化。例如，贵州省遵义市“四级服务平台”的明确是创新的结果，也是艰辛探索总结经验的结果。遵义市余庆县就探索建立“乡镇便民服务中心+村党员综合服务站+组便民服务点”，这是最早的对平台载体的探索。遵义汇川区针对不同特点和不同服务的要求，提出在农村打造“五大服务平台”（创立、信息、便民、文化、保障服务）。遵义的其他各县区也在探索一些创新服务平台，如“四民社区”“三级联创”“四进社区”等载体平台的提出和实施。在总结这些平台载体的基础上，创造性地提出了“四级服务平台”的创新载体。“四级服务平台”是总平台，突出四级纵向联动和横向互动，集党务、政务和社会事务为一体，实现了“全方位、多层次、综合性、多功能”的服务要求。“四级服务平台”的创建，切实解决了以往载体过多、资源难整合等问题，使基层服务型党组织有了新的总抓手。

三、服务平台载体的集约化

整合平台载体的资源，实现服务的集约化是构建基层服务型党组织建设新格局的重要内容。

（一）服务平台载体资源整合的要求

整合平台载体资源属于整合资源的重要内容之一。整合就是对不同的资源进行选择识别，分辨出它不同的层次和内容，对于能融合和激活的资源进行选择和匹配，汲取其有价值的部分，摒弃不好的部分，使得资源得到最好的优化，能够再生。在基层服务型党组织建设中，党建资源的整合非常重要。这些需要整合的资源，既包括机关的、社区的，也包括学校的、企业的，还包括经费资源等，比如，建设组织的场地等，更包括人才、经验、理念与凝聚力等软资源。其中，最重要的是对基层服务型党组织的领导班子、党群干部等组织人员的整合，对他们党建思想、工作办法、制度规定等资源进行优化。

对服务型平台载体资源的整合，既包括党建资源中的软资源的整合，也包括对硬资源的整合。这是由平台载体的特性所决定的。科学的载体都有具体系统性和前瞻性两个特点，通过科学的载体把党建中不同来源、不同层次、不同结构、不同内容要求的软硬资源整合在一起，使其具有较强的系统性和前瞻性，从而优化资源配置，并创造出新的资源，获得资源的整体最优。

（二）服务平台载体资源整合的途径

上下联动、党政合一是整合资源的重要途径。把实现社区党建资源和社会资源的集约利用，及时重构党建服务工作，健全工作制度，加强社区党建，及时设置社区党组织等作为整合资源的重要途径。

为了能激发社区党组织的活力，还要充分挖掘党建资源，要增强核心资源，优化领导班子，关怀党员群众，激活党务干部活力，实现社区主体资源和社会资源的集约利用。

为了能形成党建资源的一体布局，必须做好互动共享，优化配置，提高社区组织对社会资源的利用，以便更好地开发。在社区服务中的联动，既要有服务，也要有管理、治安、对于环境的保护和增强对基层群众利益的关注。让群众能更好地自发互助，让社会资源得到更好的配置。

党在各个领域的资源都要善加利用，既要有能相互帮助的场地，也要有能相互促进的制度。理念要开放，视野要开阔，党在各个领域的组织资源要加以整合，各个地域空间的界限要予以打破。而组织统筹各层级信息、培养人才、文化等活动安排，也是不可或缺的。

（三）服务平台载体资源整合的实现

构建基层服务型党组织的新格局，必须整合平台载体的资源，实现服务的集约化要求。例如，遵义市在创建活动中，推行党务、政务服务有机整合，有针对性地开设行政审批代理、就业培训、劳务输出、三关工程、社会保障、政策法律咨询、民事纠纷调解、远程教育、农产品或农用物资代购代销、土地流转、农业适用技术推广等服务项目，搭建为民服务快捷通道。余庆县敖溪镇成立了综合服务中心，设立服务窗口，极大方便了群众；凤冈县整合文化共享工程、远程教育、“千村万乡”工程、农村卫生室、农家书屋、移动电话收费服务、群众娱乐室、党员自愿服务队等资源，创建“八位一体”的党员便民服务点；遵义市播州区南白街道象山社区以社区党组织为中心，以便民（党员）服务站、居家养老服务站、远程教育服务站、进城务工农民服务站和法律维权服务站为轴心，连接社区集中办事点、居民小区服务联络点、楼道服务宣传点，构建“五站连三点”的服务网络。遵义市在所辖全部县（区）和新蒲新区建立了党务政务服务中心，乡镇（街道）建立了党务政务综合服务中心，村（社区）建立了群众综合服务站，组（居）建立了片区便民服务点，实现了全市四级联动的服务网络全覆盖，有效整合资源。

第三节　实现服务机制的常态化与长效化发展

构建服务型党组织建设需要平台载体，更需要把平台载体有效运转起来的运行机制和制度。没有机制制度的保障，再好的平台载体也不能发挥好作用，因此，制度和机制是建设好基层服务型党组织的保障，构建运行机制和制度的工作就是保障工程。与此同时，让机制制度运行起来的主体是人，因此，在保障工程里，人才队伍的保障是最根本的，人才队伍建设是保障工程中最主要的内容。构建基层服务型党组织建设的新格局，在“保障工程”的建设上，必须建立服务的常态化制度机制，让服务机制发挥作用，实现长效化。

一、“保障工程”概述

机制制度要发挥保障作用，在其创建过程中，只有坚持系统性原则、可操作性原则、遵法守规原则，才能使机制制度发挥其重要的作用。

（一）“保障工程”内涵

制度和机制是建设好基层服务型党组织的保障，构建运行机制和制度的工作就是保障工程。制度与机制相互促进、相互依存，是不能分开的。制度是形成运行机制的前提和基础，没有制度就谈不上机制。虽然机制不等于制度，但是机制离不开制度，制度也离不开机制。制度是机制的载体，机制的生成还有赖于制度的联动和有效运行，如果说制度是规范的办事规程和行动准则，那么机制则是将必须遵循的办事规程和行动准则联结起来，形成一个完整的系统，相互作用，协调发展，使工作良好运行。与此同时，让机制运行起来的主体是人，因此在保障工程里人才队伍的保障是根本的，人才队伍建设是保障工程中最主要的内容。

（二）保障机制创新原则

1. 系统性原则

党的制度建设是一项系统工程，制度建设的目标就是建立完整的党的制度体系。坚持系统性原则的要求，各种制度必须互相联系、互相依存，形成一个严密的封闭环。加强党的制度建设必须有系统的意识，严格按照系统性原则进行。系统性原则的要求就是要有系统思维，这种思维反映在制度建设上，既要重视各项具体的制度是否完善，又要充分考虑各项制度之间的有机联系，使各方面的制度形成相互联系的有机整体，才能使制度建设真正落到实处、取得实效。

贯彻系统性原则，既重视基本的法规制度，又重视具体的实施细则；既重视单项制度的建设，又重视基本制度与具体制度、实体性制度、监督制度与程序性制度的配套。任何一项具体制度如果没有与之相适应的配套制度，这项制度就很难有效地实施。因此，不仅要有实体性制度，而且要有程序性制度，还要有相应的监督制度，使任何行为都有章可依，任何错误都能被依法惩处。

2. 可操作性原则

各种制度规定不能简单抽象、无法实施，而是应当具体细致，最好都能够体现在工作的每一个环节中。理论设计上完美的制度不等于科学的制度，科学的制度必然是具有可操作性的制度。否则制定出来的规章制度只能束之高阁。制度建设的可操作性不强会导致制度建设科学化水平降低。因此，加强党的制度建设科学化，必须坚持制度建设的可操作性原则，把可操作性的原则作为加强党的制度建设科学化的重要原则来遵循。在创新机制制度时，坚持可操作性原则，才能使机制在现实中发挥巨大作用，确保取得实效。

3. 遵法依规原则

法就是指法治化，规就是指程序化。法治化要求必须以条例、法规为准则，一方面，以已有的条例、法规来指导具体工作实践；另一方面，根据各种条例、法规的基本原则，结合实际工作，制定具体的制度或细则，增强针对性和实用性。同时，还要适应新形势、新变化，寻求解决问题的新方法，探索新的制度。

所谓程序化，就是各项工作的具体操作过程要按照规范的方向、路径和步骤来推进。这就要求各项工作都要逐步制定和完善操作流程。必须以遵章守法为前提，团结凝聚群众，维护各方合法权益，严格按照国家法律法规要求开展各项工作，要营造氛围、强化意识，形成依法决策、依法办事的良好品质和习惯。切实把各项具体的法规条文和规章制度渗透到党组织自身建设和相关管理的每一个环节。

（三）人才队伍建设保障

在基层服务型党组织创建工作中人才队伍建设既是基础工程，又是保障工程。通常情况下，服务型党组织创建需要三支队伍：党组织书记队伍、党务工作者队伍、党员队伍。做好人才队伍保障主要是加大这三支队伍的建设力度。

党组织书记队伍必须选拔党性强、能力强、改革意识强、服务意识强的党员来担任党组织书记，再通过教育培训和监督管理，尽快提高他们为民服务的能力，领导好服务型党组织建设工作。

党务工作者队伍是落实好基层服务型党组织建设的中坚力量和主力军，在建设上更要加强，要配强党务工作力量，切实解决党务工作者的身份、待遇问题，特别是在非公企业专门从事党务工作的人员，更要从制度上保障他们能专心从事党务工作，引导他们为党和群众履行好服务职责。

党员队伍在基层服务型党组织建设中，处在前沿的位置，是重要的骨干力量，因此在建设上要多花精力，着力把服务骨干培养成党员、把党员培养成服务骨干、把党员中的服务骨干培养成基层干部。加强教育，组织开展好党员的轮训工作，多角度、多方面提高党员为民服务的水平和能力。努力打造一批素质高、业务熟、能力强、服务优的党员干部队伍，从而为基层服务型党组织建设提供人才保障。

二、服务机制的常态化

常态化机制的建立是确保基层服务型党组织取得根本实效的关键，也是进一步加强基层服务型党组织建设的常态保障。服务的常态化机制主要包括三个层面上的机制，具体如下：

（一）上级党组织服务于下级党组织的机制

上级党组织是指县（区）市部建立的党组织，这级党组织从全党组织的层级上看，事实上也是处于基层的位置上，但相对乡镇（街道）、村（社区）等基层党组织而言，是属于上级党组织。它们对于乡镇（街道）、村（社区）的服务就是上级党组织的服务。上级党组织服务于下级党组织的机制如下：

第一，建立健全基层党建工作责任制。将基层服务型党组织创建工作纳入基层党建的考核内容，对于不愿意抓、不敢抓、抓不好的基层党组织及有关责任人实行责任追究，努力形成“抓书记、书记抓”的工作格局。要健全领导机制，强化责任意识，党组织书记要牢固树立“主业”意识，坚持党的建设与中心工作同谋划、同部署、同落实、同检查，完善党建工作的相关制度和责任体系，建立以党务部门为主、其他部门积极配合抓党建的责任体系，确保党建工作级级有人抓、层层有人管、步步有落实、项项有成效。

第二，建立健全规范和流程机制。在引导指导乡镇（街道）、村级基层服务型党组织建设时，要明确创建工作规范和流程，各级党组织将创建责任细化落实到具体责任人头上，形成党委书记牵头抓，相关责任人具体抓落实的工作格局。

第三，建立健全基层党建工作经费保障机制。各级党委将基层党建工作经费、村级组织工作经费和党员教育经费列入专项财政预算，积极协调企业、事业单位主管部门、“两新”组织企业主将党建工作经费列入专项预算，切实解决活动场所和工作经费不足的问题。

（二）党组织服务于党员的机制

在服务型党组织创建中，基层党组织服务于党员非常重要，通过建立健全一系列的机制来实现服务。

第一，建立健全党内关怀制度。采取多种方式对生活困难党员实施救助。例如，遵义市创建服务型党组织的活动中，党内关怀制度的创新机制就是“四必访”，即党员患病受伤时必访、党员亡故时必访、党员家庭遭灾时必访、党员生产发展有困难时必访。同时，协调金融、财政、劳动就业等部门，实施下岗职工党员再就业工程和返乡农民工党员创业工程等。这些机制的实施让党员感受到党组织的温暖，使他们积极投身到服务工作中。

第二，建立健全与党员群众的谈心谈话制度。及时了解党员的情况，为他们做好宣传解释工作。创建“部长会客厅”，架起服务非公企业的连心桥。

第三，建立健全党员教育管理机制。要使党员服务好群众，党支部必须认真研究组织，研究组织既是管理，也是服务。认真研究不同党组织、党员的行业和从业特点，推行支部分类设置、党员分类管理模式，认真制订并落实党员轮训规划，实施好党员素质提升工程，努力提高党员“双带”能力等都是提高党员服务能力的机制要求。

（三）党组织和党员服务群众的机制

服务型党组织建设的最终要求，就是要组织和党员都要服务好群众，因此建立健全各种服务群众运行机制是关键。建立群众需求信息反馈机制，对群众需求信息进行定期调查和日常收集，形成针对群众需要反应灵敏的需求反馈机制。建立岗位责任制度，以制度的形式确定服务人员应承担的最基本的职责和目标任务，推动服务人员的知识更新和服务水平的提高。健全服务机制，健全和完善诉求表达机制，健全和完善矛盾化解机制，健全和完善权益维护机制。健全评估机制，树立以人为本的服务理念，对所办的事情有多少群众从中得益、群众能从中得到多少利益、群众是长期得益还是短期受益进行科学评估，建立党员领导干部走访群众的制度，通过走访、接访、下访群众，集中解决群众反映强烈、牵涉面广的问题。建立健全党组织联系服务群众责任落实机制；建立健全党员挂牌服务制、党员服务承诺制等。

三、服务机制的长效化

服务工作的长期性和生命力必须靠制度保障。基层服务型党组织建设要使服务工作实现长效化，在机制和制度的健全和完善上，既要有长期的考虑，也要有短期的目标；既要做好顶层设计，还要做到前期有总体计划设计，中期有组织执行、进度控制，后期有检查评估，而且在活动完成时还要有总结改进，在总结改进的基础上形成长效机制，使服务型党组织建设工作循环往复并螺旋式上升，从而实现服务长效化。

（一）完善激励机制

各种机制要实现长效化，必须通过完善的制度来保障。也只有通过完善的激励机制，才能调动基层党员干部的积极性和创造性，确保实现长效化。例如，遵义市建立了党内关怀机制，主要是以县（市、区）级以奖代补、镇村自筹的办法建立党内关怀帮助基金，为贫困党员扶贫致富服务。此外，还建立了党员积分申报制度，将党员帮助困难群众和各种服务活动以积分记录下来，对于积分高的党员给予表彰，并适当奖励；同时还建立了考核奖惩制度。激励制度在发挥作用的同时，也存在一定的局限性，可以从以下三个方面来完善激励机制：

1. 建立科学的考核评价指标

科学性的评价体系源于科学的考核评价指标。基层党组织服务效果如何，人民群众感受最深，也最有发言权，应进一步增加群众在考评中的话语权。必须建立一套科学的考核评价指标体系，在指标中增加群众满意度占的比例，并且要让群众容易理解和掌握。

2. 扩大激励考核的参与范围

要大力提高普通群众的参与范围。同时，随着互联网技术的运用，可以创新参与的方式方法，通过发短信、微信，调查、座谈了解、满意度测评及发放问卷等方式，尽可能征求各行各业、社会各界群众的意见建议，让更多的群众参与对基层党组织和基层干部的评价体系中来，从而实现评价的科学化。此外，对党员的考核评价也要突显群众的评价权重。彰显群众的评分权重有利于群众参与党员的评议工作中，有利于建立"组织考"和"群众评"相结合的考核评议机制。

3. 完善激励考核结果的运用

考核结果出来后，要在评先树优、考核奖惩上体现出差别性，对考核优秀的给予相应奖励、表彰，对考核末位的进行组织处理，从而激发党员干部推进服务型党组织建设的热情。把考核评价与问题整改相结合，针对评议中发现的问题，督促党员干部主动找差距、找不足，自觉整改提高。坚持将考核结果运用到单位和个人实绩评定、评先选优、选拔任用等方面。

（二）完善保障机制

1. 建立健全工作经费保障机制

将基层党建工作经费、其他基层组织工作经费和党员教育培训经费列入财政预算或单位专项经费预算，解决活动阵地和经费保障的长效机制。例如，创建制度，确保党建工作经费，建立基层组织运转保障机制，由各级财政补贴给村级组织运转经费，强化运转保障。同时，积极鼓励村（社区）组织引入中介、家政和金融等各种经济组织在辖区内兴办"爱心超市""家政服务"等项目，增强村集体经济的"造血"功能。

2. 建立健全党员权利保障机制

党员权利非常重要。因此，要建立健全党员权利保障机制，全面推行县乡党代会常任制工作，建立健全党代表充分履行职责的工作机制和保障机制，完善党内重大事项党员先知道、先讨论、先行动制度，认真落实党内民主选举、民主评议、党员评议干部、党员议事会、党务公开、党内点题公开等制度，切实落实党员四权，增强党员荣誉感。

（三）完善落实机制

在基层服务型党组织建设中，要确保取得成效，必须在落实上更加努力，通过建立机制来落实好相关要求。建立健全党委统一领导、组织部门牵头抓总、有关部门协同配合的党的基层组织建设联席会议制度，建立定期研究基层党建工作制度；坚持领导干部调研指导基层党建和联系点工作制度，党委领导同志直接联系一个县或乡，指导一个村，帮助发现问题和解决具体困难。这些机制从根本上保证了基层服务型党组织建设的各项要求落实到位。

此外，建立健全述职制度。例如，在贵州遵义建立的述职机制，在县（区）的机制由述前考核、会议述职及评议两部分组成，并且分别量化分值，所得分值作为推荐基层党建工作先进组织和个人的重要依据。在乡镇按照“一年一述职、一年一评议”的方式，乡镇党委班子述职后，进行民主评议，主要围绕评工作实绩实现、评服务群众水平来展开，工作干不干群众当裁判。在村“两委”述职评议活动中，对于群众满意率不足的村干部及时进行调整。上述三级述职制度彰显了服务群众的要求，评价也以群众为主要对象。通过述职制度的开展，保证基层服务型党组织建设中“三服务”的实现。

此外，地方建立县、区（市）党委经常性的发现、整顿软弱涣散基层党组织工作机制。建立服务推进落实制度、党群共建制度、党员承诺践诺制度、督导检查制度、服务考评制度，使服务工作常态化、长效化。

第五章 “互联网+”视域下基层党建的环境体系

第一节 “互联网+”视域下基层党建信息化建设

一、“互联网+”概述

（一）“互联网+”的内涵

“互联网+”是科学技术发展到一定阶段的产物，最初出现在经济领域，是传统行业与互联网深度融合的一种全新的经济形态，成为我国乃至全球现行的经济形态不断地变革的重要推动力。随后，“互联网+”又扩展到其他领域，为经济、社会各方面的创新和发展提供了广阔的网络平台。

随着“互联网+”在各领域的应用和发展，其概念和内涵也越来越清晰，“互联网+”是“互联网+各个传统行业”，即利用信息通信技术以及互联网平台，让互联网与传统行业进行深度融合，通过重构或改造，创造出经济社会发展新形态。“互联网+”的核心内涵，就是要把以移动互联网、云计算、物联网等为主的信息技术充分地应用到传统行业之中，通过互联网的渗透，以催生传统行业的变革和发展。

“‘互联网+’带来了传统行业生态的革新与提升。”① 互联网潜力无限，与各行各业有效结合后，都能赋予各个领域再生的能力。因此，与互联网连接建立得越广泛、越充分，所在行业、领域就会获得更多的活力，创造更大的价值。互联网已不再仅仅是虚拟经济社会形式，而成为主体经济社会不可分割的一部分。经济社会的每一个细胞都需要与互联网相连，互联网与万物共生共存，这成为大趋势。互联网不再仅仅是经济发展的主力军，更

①王旭坤. 互联网+专业出版=？[J]. 出版广角，2015（8）：10.

是社会进步的重要推动力。

（二）“互联网+”的特征

关于“互联网+”的特征，无论是互联网业界人士还是专家学者都公认的有跨界融合性、创新驱动性、结构重塑性、以人为本、开放生态和连接一切等方面。

第一，跨界融合性。“互联网+”本身是互联网的延伸，“+”是添加、结合，其界限不再是自己或者与自己相仿的事物，其对象是全社会，它涉及的是各个行业，是群体间的融合，是具有根本性质的变革，而不再是物理性地改变形状或者大小。这个特征也就是说明被定义的身份不再固定，消费者其实也就是生产者，企业不再处于主导地位，它面对的对象才处于主导地位。

第二，创新驱动性。“互联网+”作为互联网在发展过程的一部分，其实也是“知识创新 2.0”下互联网创新发展的一个新形态。“创新 2.0”之前创新的表现形态是“创新 1.0”，“创新 1.0”通俗地说是指，在工业时期表现出的一种形态，“创新 2.0”指所处的时期是信息社会、追求知识的社会下的一种创新形态，也叫“知识创新 2.0”。

用辩证唯物主义思维考虑，事物的存在具有其自身的对立性和统一性，“互联网+”的出现，使我们的传统生活方式、传统消费方式、传统经营方式均发生了变化，如何在“互联网+”这个大背景下生存和发展？唯有创新才是正确的道路，国家需要创新驱动来整合经济社会资源以求国富民强，企业需要创新驱动以求更加壮大和不被淘汰。

第三，结构重塑性。“互联网+”是互联网又不再是互联网，由“互联网+”产生的移动互联网、大数据等都打破了原有的结构，不再是固定的权力由固定的个体拥有，也不再需要固定的地点来办公、固定的时间去学习，话语权开始改变，规则多元化、时间碎片化、空间无界化、信息共享化等这些都影响着在其中的每个人每件事，也不断改变着经济、文化、社会等这些原有的结构。

第四，以人为本。科学发展观的核心是“以人为本”，“互联网+”的所有特征把以人为本作为根本特征。人是消费者同时也是生产者，人是遵守者同时也是创造者，人是“互联网+”中最主要的主体。社会的进步离不开科技的发展，科技的发展离不开人的推动。互联网力量强大的根本在于，无形中走入人的内心世界，抓住人的需求。在过去传统的发展中是以由人组成的企业为主，在对新产品或者新事物推广过程中，是由企业告诉用户需要什么，多是用户要去迎合企业。而现在运用传感、大数据的筛查和整合，可精确地获得用户所在的地点及在做的事情，并且通过数据整理后就可以精确分析得到用户行为倾向及目的，能正确快速地和用户产生共鸣。这时，不仅人从企业中解放了出来，而且人的情感需求开始占据市场的主要地位。这正是“互联网+”以人为本的魅力所在，它形成了一套新的产品营销算法，解决了服务过程中的盲点。

第五，开放生态。生态是“互联网+”非常重要的要素。词语“生态（Ecology）”源于古希腊 oikos，指生物在一定的自然环境下生存和发展的状态，也指生物的生理特性和生活习性。“互联网+”最重要的优势之一则是打破各行业间“孤岛式”的操作和发展，应用大数据技术对数据进行挖掘和分析，促进数据的互联互通，把整个社会建立成为开放的创新式生态。

第六，连接一切。“互联网+”是一个新形态，是一个新工具，是一个新载体，同时还是一个新的思维方式。它承载并发挥着互联网在资源配置中的“吐故纳新”的作用，同时又具有连接一切的能力和作用。随着移动网络的兴起，企业实体、个人和由移动网络派生的企业虚拟体可以随时随地交流和融合，使利益趋向于最大化，也就使其发挥的优势是企业实体和个人所无法比拟的。例如，它可以使企业的边际成本做到接近于零，但是实体或者个人却很难做到。通过人与物进行连接，人与人进行连接，信息与信息进行连接等，实现了人与人间交互、信息与信息间交互的互联互动状态。

“互联网+”时代为人们提供了网络化、信息化空间，给我们的社会生产生活方式带来深刻的影响，也给党建工作带来挑战，促使党建工作的环境、对象、方式等发生巨大的变化，为提高党建工作科学化水平带来难得的机遇。因此，结合“互联网+”的时代特点，研究互联网对当前党建工作提出的新要求、带来的机遇与挑战，具有重要的实践意义。

二、互联网+基层党建

“互联网+党建”的特点是和互联网的特征密切关联的。“互联网+”具有的跨界融合、创新驱动、结构重塑、以人为本、开放生态、连接一切等特征，也赋予了党建工作具有资源共享性、服务扁平化、主体交互性、监督即时性等优势。其通过建立“党建工作云平台”创新党建工作新方式、拓展“移动互联网”开启党建教育培训新平台、打造网络监督新平台、借助“大数据”平台和“云服务”平台开创服务群众新局面等。因此，“互联网+党建”是对党建信息化建设的延伸，是一种变革，这种改变的过程是必然存在的，这也正说明了符合“破为破中立”事物发展规律。

面对新一代网络信息技术的蓬勃发展，需紧随时代潮流，在不断探索中坚持与时俱进。将“互联网+”应用于党建工作，是时代使然，更是落实“四个全面”战略布局的必然选择。

（一）互联网+基层党建的内涵

“互联网+基层党建”是互联网广泛应用的时代产物。不断探索基层党建与“互联网+”融合的新方向，既是“互联网+党建”在党的基层组织的实践、拓展与延伸，更是“互联网+”时代进一步夯实党的执政基础的必然要求。

“互联网+基层党建”是运用以互联网技术为代表的新一代信息技术与传统党建在党员组织管理、舆论宣传工作、党员教育、监督工作以及服务群众等领域进行深度融合的新模式。运用互联网创新党组织设置形式和组织活动方式，拓展服务载体，变革党员教育管理和服务模式，打破地域、时空界限和党组织间的壁垒，有效整合党的组织资源，推动党建工作向深度和广度发展，不断开创党建工作新局面。

（二）互联网+基层党建的特征

“互联网+基层党建”的特征是与互联网的特征紧密相关的。互联网具有共享性、开放性、虚拟性、即时性、交互性等特征，同时赋予基层党建工作资源共享性、内容多样性、监督即时化、服务扁平化、主体交互性等特点。

1. 资源共享性

互联网打破了国家和地区之间各种有形和无形的壁垒，跨越了地域、时间、文化、政治等因素的障碍，把世界变成一个信息交流系统的整体。随着党建网站、基层党组织微信公众号、党建微博等网络平台的建立与发展，党的路线方针政策能够更加迅速地传播开来；广大党员能够在任何时间、任何地点更加自主、高效地完成学习教育任务；信息的公开性与资源的共享性更加充分地保证了党员的知情权、参与权与监督权。党建资源的共享性需要坚守适度的原则，关于组织工作的涉密信息、党员的重要个人信息等需要更加规范的网络信息系统加以保护。

2. 内容多样性

基层党建信息具有海量性和多样性，一方面，相比于报纸、杂志、电视等传统媒体受版面大小、播放时长等的限制，网络新媒体具有几乎无限的存储空间，能够提供丰富多彩的网络信息，互联网缓解了信息不对称的问题，大量的党建信息可以来自党政部门、党员干部，可以来自各类党建网站、党建微博、微信等官方网络党建平台，也可以来自覆盖范围更广的大众公共网络平台，这就为基层党员群众获取信息提供了更加多样化的途径；另一方面，基层党建信息的多样性还表现在信息传播的多样性，通过互联网能够呈现出文字、图片、声音、视频等多种形式，极大增强了党建工作的吸引力。

3. 监督即时化

互联网具有实时性、自由性。运用网络信息技术实现基层党建监督的即时化主要表现为：一方面，网络舆论监督的实时化，基层党员及党员干部的工作、生活、学习等展现在网民的视野下，网络监督已经成为广大群众参与反腐、监督社会、监督党员、监督领导干部的重要力量；另一方面，党建工作实时量化考核，运用云计算、大数据技术建立起完善的党员管理信息系统、党员领导干部考核系统等，将基层党建工作以数据形式量化出来，实现对工作过程与效果的实时监督与考核。

4. 服务扁平化

扁平化的核心内容是减少管理层次，“互联网+基层党建”的服务扁平化是指借助互联网的直通性，缩短党组织与党员、人民群众之间的距离，为基层党建工作开启“政情下达”“民意上传”的便捷之门，拉近党群距离，密切党群关系。将扁平化思维应用到基层党建工作中，一方面，使基层党组织与广大党员直接联系，党员可以直接通过专门的党建网络平台参与教育培训、党的组织生活、服务群众等活动；基层党组织提供线上线下相结合的一体化服务模式，整合党建资源，优化服务流程，形成有效的服务合力，提高服务效率。另一方面，减少不必要的中间环节大大提高网络党建工作的廉洁性。许多党组织的工作可以通过互联网进行，网上申请入党、网上交纳党费、网上审核等，这就极大减少了依靠权力寻租的机会，提高党组织的廉洁水平。

5. 主体交互性

国家基层公务人员、党员领导干部与广大党员群众借助互联网可以实现实时对话与交流，信息传递实现即时交互。比如，在基层党建网站“留言板”留言，为党建微博评论发表观点等。党建工作网络化为密切党群关系、维护党的公信力提供了有效的渠道。这也对广大党务工作者与领导干部的能力与素质提出了更高的要求。

（三）互联网+基层党建的创新

1. 以“互联网+”创新党建工作新方式

（1）完善党员干部信息数据库。信息技术的迅猛发展、云计算等信息技术的广泛应用推动人类社会进入大数据时代。“互联网+”时代的组织工作要充分发挥大数据的价值，重视基层党组织数据库建设，尤其是基层党组织书记、大学生村官队伍、基层党务工作者信息的收集与掌握。要充分利用云计算、大数据技术对相关数据进行处理，构建起科学完整的党的基层组织党员干部信息数据库，为提高基层党组织的组织管理水平、进一步加强基层党员干部队伍建设提供科学的依据。

（2）构建党建工作云平台。以云计算为技术支撑构建党建信息系统，搭建党建工作云平台，为各级党组织和广大党员搭建工作、学习的互动交流平台。比如，设立“书记信箱”，建立党员与党委书记交流的直通车，党员有渠道表达自己的利益诉求，党委书记有窗口了解党员的所思所想，真正解决与广大党员切身利益密切相关的现实问题。

（3）强化党员教育管理。互联网技术的发展尤其是近年来移动互联网的普及，为流动党员管理搭建了新平台。“互联网+计算机+手机终端”的新模式打破了时间与空间的障碍，借助微信群、QQ群等网络载体，以地域、职业等为标准，按照同一地域、同一行业等，将流动党员联系起来，真正解决党组织联系服务党员“最后一公里”问题。同时以地域、行业、商铺、楼宇等为单位建立起网络党组织，通过网络党组织为流动党员办理党组织关系转接，通过网上银行交纳党费等，真正实现通过网络平台加强党员教育管理。

2. 以“互联网+”强化舆论宣传新思维

基层党组织是党的舆论宣传工作得以发挥作用的关键环节，在新的时代背景下，基层党组织的舆论宣传工作应该与时俱进，以互联网平台为切入点，创新工作形式，强化舆论宣传的互联网思维，运用互联网切实增强思想政治工作的实际效果。

（1）建设党建宣传网络新平台。建设专门的党建宣传平台，立足党的路线、方针、政策，探索党建舆论宣传工作与满足党员群众需求的结合点，挖掘网络平台新功能，做好网络平台的升级创新，以适应广大网民的兴趣与需求，将其建设成为集网上办公、知识学习、活动展示功能于一体的网络宣传与学习平台。

（2）培养网络党建舆论宣传队伍。培养起专业技术过硬、政治立场坚定的党建宣传信息员队伍是落实党建舆论工作的关键。加强教育培训工作，提高宣传队伍适应网络要求的写作技能以及多媒体的应用能力，在保证信息质量的前提下，重视作品的趣味性与创意性，以适应新时代网民的需求；重视培养宣传队伍的政治性，提升大局意识与纪律意识，把好信息传播与交流关口，保证信息的真实性、正面性。

（3）正确引导网络舆论方向。网络媒体即时性、开放性、互动性的特点有助于基层党组织把握舆论方向的主导权。及时发布党中央最新方针政策与各级党委的最新动态；定期进行党务政务公开，与广大党员群众形成线上线下互动交流的良好状态；对于各种突发事件更要把握舆论方向的主导权，将新闻事件、相关信息在互联网上及时、公开、透明地传播，达到引导大众舆论正确方向的目的。

3. 以“互联网+”开启党员教育新方向

拓展“移动互联网”党员教育培训平台。党员教育培训应与时俱进，将“移动互联网”作为开展党员教育培训的新舞台，充分利用微博、微信、QQ、党员手机报、手机

APP 等网络工具，打破时空限制，破解基层流动党员组织教育难的问题，逐步实现基层党员教育培训“全覆盖”。

（1）创新党员教育培训模式。运用云计算、大数据技术，开发基层党组织党员干部在线学习平台，满足党员经常性、个性化的学习需要；适应移动互联网时代党员接触信息与学习时间碎片化的需求，定时制作微课程与微视频，在在线学习平台或各类移动互联网平台推送，充分调动党员的积极性，实现党员互动与分享，提高学习效率，保证学习效果。

（2）传递党员教育“正能量”。网络舆论纷繁复杂，给党员教育带来新的挑战。党组织必须重视舆论引导，对网络热点问题与突发事件及时引导，对党中央的路线方针政策进行及时、准确、全方位的解读，引导社会情绪、党员思想向着积极健康的方向发展，传递党员教育“正能量”。

4. 以“互联网+”打造网络监督新平台

互联网以其开放性与互动性，促使党政信息实现公开化与透明化，拓展了普通群众的监督渠道，为形成广泛的舆论监督提供了信息资源与便利的工具，有利于形成更加开放、自由的监督环境。网络空间成了解体察民意，进一步加强党风廉政建设与反腐败斗争的新阵地。

（1）为强化群众主动监督提供新平台。互联网以其资源共享、全方位、实时性以及低成本、高效率的优势成为群众直接、迅速反映利益诉求、表达意愿的载体，为强化群众主动监督提供了新平台。普通群众可以在 QQ、微信、微博等交流平台通过文字、图片、语音甚至视频等形式传播信息，表达意见；网民还可以参与各级党组织建立的“网络问政”“官方微博”等互动交流平台，反映诉求、表达心声，行使监督权。

（2）为党组织主动接受监督形成新环境。面对互联网在各行各业的应用，网民数量的增加，广大群众参与意识的提升，各级党组织想要更好地联系群众、维护党的权威与形象，就必须与时俱进，保障公民权利，为公民行使监督权提供新平台。各级党组织在党建网站中开设“书记信箱”“网络问政”“政务微博”等平台，为群众提供形式多样的参政议政的互动平台，为各级党组织更好地听取民意、接受群众监督营造了新的环境。

5. 以“互联网+”开创服务群众新局面

推进“互联网+政务服务”。充分发挥互联网的作用，建立起基层群众“办事不出远门”的网络服务平台。推进农村、社区政务服务与移动互联网结合，变被动服务为主动服务、变单一服务为多元服务、变传统服务为智能服务，增进基层群众对相关政策的理解与支持，提高基层党组织与基层自治组织的办事效率，增强基层党组织的公信力。

推进“互联网+利民服务”。借助大数据技术与云服务平台，将政府部门、社会组织等提供的关于农产品种植技术、销售信息、就业信息、生活服务信息等服务资源连接起来，在基层党建网站、移动互联网客户端的服务板块以及其他网络平台进行推广，真正解决与人民群众切身利益相关的实际问题，真正做到想民之所想、解民之所忧。同时，积极发展农村电子商务，推动大型电商和快递企业进农村，支持新型农业经营主体和农产品、农资批发市场对接电商平台，主动为“三农”提供个性化定制服务。

三、“互联网+”视域下基层党建信息化

（一）党建信息化概述

1. 党建信息化的内涵

“充分利用信息化手段，加强和改进党组织的建设，是新形势下提高党建科学化水平的必然要求。”党建信息化是党建工作的重要内容，是利用信息化手段实现党建工作创新，改善党建生态环境，是党的建设为保持党的先进性、适应性而做出的重大决定，也是完善企业党建工作的迫切需要。所谓党建信息化是指，中国共产党顺应时代的要求，积极地把自身建设与新技术进行有机结合，以最终达到“两两共赢”为目的的建设。具体而言，则是随着社会及自然科学技术的发展，在现代科学信息技术不断完善和普及的基础上，借助网络信息技术的传播快、效率高、互动性强等的特点，结合数据管理系统，实现在人才培训、党建宣传、党务管理、干部工作，以及组织工作的日常业务处理等方面实现静、动态管理的统一，提升党组织工作的水平，提升党组织工作的效率。

目前党建信息化的总体发展趋势为：从党的内部管理的信息化、办公自动化，到外部的党建党务网站的建设，在向具有实效性、互动性、高效性的一体化信息系统演进，最终成为综合的、多功能的、统一的网络党建平台。由党建信息化向“互联网+党建”飞跃是一个不断实践与探索的过程。

2. 党建信息化的特征

党建信息化具有以下主要特征：

（1）党建信息化具有开放性。尽管党的建设工作性质具有一定的保密性，但是中国共产党从建党以来就积极尝试和人民群众保持更近的距离，走近人民群众，与人民群众打成一片，以人民群众的利益为根本出发点，中国共产党以最初的爱国人士的奔走相告和激情演讲的方式，让人民群众了解自己，把自己置于人民群众的视野之下，加强了人民群众的参与性和监督力度。当代，网络的开放性、便捷性、平等性让信息资源共享化，在网络上的交流是自由的，在网络上的对话是平等的，不管对方是强者还是弱者，信息的沟通都是

平等地和另一方进行交互。

党建工作自始以来就存在着自上而垂直的关系和分工明细的工作制度，这严重地影响了信息的交互，造成了交互信息的不流通或者是信息的滞后，影响了工作的效率。而信息化下的党建工作，由于网络自身的特性，打破了一直以来党建工作这种垂直的关系和交流方式，消息不再是一家之言，而是在“海纳百川”中得到有价值的信息，领导和群众之间的建议和意见之间有了更多的信息交互，信息和关系都趋向“扁平化”，个人对组织完全依附的心态开始脱离，个人开始从组织中剥离出来，不再是组织的附属物，而是平等的双向选择关系。

（2）党建信息化具有综合性。党建信息化的综合性表现在解决党建工作问题时的动手能力和开展党建工作时的思想理念问题。在党的建设上，互联网时代，“网民”数量越来越多，将信息化与党建工作结合起来，充分发挥互联网“行无边心无界”的优势，将中国共产党的声音在“足不出户”中传播得更远。在对党员教育上，广大党员利用信息化平台相互学习借鉴党建工作先进经验做法，增加了党员干部教育和再教育的学习机会，同时也使党员充分行使监督权、知情权。在党群关系上，为党员和人民群众之间的互相监督提供了新媒介，增强了人民群众对我党的信任，从而提升了整个党建工作的工作速度和准确率。

目前，党员和党组织呈现稳定增长的趋势，党员和党组织的规模正在日益扩大。信息化作为强国之本，不只是应用在经济上，也应加强应用在党建工作中。而这个信息化的思想理念更多的是从管理组织、领导和使用者出发的，在先进的党的建设理念主导下，利用高科技技术，摒弃旧的“你发我收”的获得资源的方式，积极收集优质的党建资源，为党员和群众提供自主选择的机会和自主学习的平台，也为管理层面提供了省心省力的管理工具，使管理者更多地把精力放在更重要的地方，建设党建信息化品牌，真正地促进经济社会的发展。

（3）党建信息化具有高效性。党建信息化的高效性表现在，在网络上操作运用党的建设工作，会省掉很多没必要的行为和人为干预，大大节省了时间和提高了效率。互联网作为新的载体，由于它的实时性迅捷性，这就导致很多管理部门自觉地改变工作方式方法。党的建设信息化为一些基础工作省去了很多的不必要的时间和精力，党员在进行党务工作过程中，都可以进行网上办理，包括网上申请入党、网上交纳党费、网上党费审核等，逐渐形成的网上流程化，减少了传统操作下的靠职权以权谋私的机会，使整个社会的廉洁水平得到提升。

党建信息化的高效性还表现在加强党内监督，为全面从严治党提供一个重要的监督工具。作风建设是党的建设中重要的一部分，关系到党的性质，是中国共产党生死存亡的关键因素。党建信息化的建设，对肃清党的不正之风起到了快、狠、准的效果。互联网作为监督约束党风的一个重要工具，时时提醒着心系群众才是一名党员的本职。而党风带动政风，改进全党风气，纯正政风，党建信息化的建设实现了“从严治党”跨越式的发展。

（二）基层党建信息化的路径

以下以基层党建信息化为例，说明“互联网+”视域下基层党建信息化建设的路径。随着“互联网+党建”工作的推进，基层组织信息化治理能力将大大加强，党务、村务、财务将完全实现网上公开，社情民意畅通，地方政府和基层党组织的服务能力将有大幅度提升，决策效率和效力显著提高。随着信息技术在农村的广泛应用，农村基层党组织必须转变观念，积极利用信息技术手段，推动相关机制体制建设，将信息化融入农村基层工作的各个环节，用新一代信息技术与党建相融合以提升基层党建信息化水平，增强乡村治理体系与治理能力现代化，进而来提升党建水平。

1. 提升基层党建信息化意识

信息化为党建工作的创新开辟了路径，拓展了党建的周边环境，改善了党建工作的方式。网络空间与现实生活有联动关系，网络世界是现实世界的虚拟表现，而现实世界又受到网络社会的影响。借助互联网技术，基层党组织能够实现日常工作的线上处理，实现党员教育与学习、信息流动与分析、党组织日常管理等，这一趋势将随着互联网技术的发展愈加清晰，基层党组织一定要对此有准确认识，并把握这一趋势。基层党组织要与时俱进，将网络技术应用于党建工作，提升基层党组织管理水平与工作质量。基层党组织在日常工作中，要着力培养党建工作信息化意识，树立正确的信息化观念，进而夯实党的执政基础，提高领导水平。

（1）加强党建信息化平台的思想引领作用。网络信息技术具有双面性，既可以推进基层党组织工作改革，推进党员个人素质提升，反过来也在一定程度上了削弱党员的个人意志与政治信仰，让基层党组织面临更多挑战。网络技术的特点要求基层党组织要勇于把握网络技术的特点，积极应用技术服务于自身，使其成为党建工作的助力。网络技术与党建工作结合的显著成果即党建平台，党建平台有些专属于党组织，有些根植于其他软件，这就要求基层党组织不仅要把握好自身党建平台，使它成为教育党员的良好阵地，也要发挥其他软件党建平台的引领作用，助力打造风清气正的网络空间，坚定网络上的意识形态，发挥党建账号与党建平台的引领作用。

加强党建信息化平台思想引领作用，需要基层党组织与党员坚定政治信仰，用党的最新思想与最新理念充实自己。基层党组织要善于利用网络优势，借助党建平台，把握政治方向，利用互联网技术融合党建的工作，提升基层组织战斗力，实现对基层党组织的引领作用。

（2）多种信息手段开展农村党员教育培训工作。互联网信息技术的出现，为基层党员教育工作提供了发展机遇，将党员远程教育平台接入基层党组织，这对提升基层党员素质大有裨益，随着5G网络、智能技术的进一步应用，基层党员教育也将迈入新的阶段。

第一，构建互动党建教育模式。互联网时代，网络拓展了教育工作者获取资源的途径，这可以使党员教育更加人性化、专业化，同时，智能手机终端的出现与大范围使用，可以使党员教育形式更为新颖。互联网技术对党员教育有一定的补充作用，依托现有党建平台可以使党员教育更为普及，更加不受客观条件的约束，也可以打破时间与空间的界限，更多的党员可以加入党员教育与学习的队伍中来。互联网、智能手机终端、计算机的有机结合，可以突破原有传统课堂限制，链接每一名党员，照顾到每一名党员的主体性，实现党员教育深入每个党组织，实现无缝对接，党员与党员教育工作者间可以实现互动式教学，有效提升沟通效率，增强沟通意识，将知识从单向传播改变为双向传播。

党员、基层党支部之间的互动有利于思想建设。党员的思想教育不仅要依靠于传统的教育方式，更要开创新的互动方式，互动方式分为横向与纵向。横向是党员与党员之间的沟通互动，这有利于党员之间迅速掌握思想动态，分享最新理论与实践成果，通过沟通来去伪存真，坚定政治信仰；纵向是党组织与党员之间的沟通，这利于党组织了解党员思想情况，有针对性地进行党员教育，帮助党员提升综合素质，也有利于党组织利用新思想新技术推进基层党组织变革。

第二，利用AR与VR技术探索仿真学习环境。AR即增强现实技术，是指通过电脑等设备将虚拟的信息直观展示在人们的面前，使人们能够得到更准确的实际感受，继而实现融合真实世界与虚拟世界，打破现实生活的客观阻碍，为现实生活提供更多可能。VR即虚拟现实技术。VR技术通过模拟人的感官功能，如视觉、听觉等，致力于打造沉浸式的虚拟世界，并且通过技术的发展，逐渐实现虚拟世界中的互动与交流。AR与VR是两个细分领域，但都对仿真学习环境的建设有创新作用。

基于VR与AR的特性，可以为未来的基层党建开辟更多的空间，最直接的应用就是仿真学习环境，增强学习效果。而目前来看，视频类平台与AR与VR技术的结合具有可行性，视频类平台因为自身特点与拥有的资源，在虚拟现实上具有先天优势，同时，5G技术的发展与5G基础设施的建设，将打破AR与VR技术的发展瓶颈，能够更好地提升用户体验。信息技术的发展与普及能够丰富党员教育的途径，深化教育效果，使党组织活动覆盖范围更广、涉及内容更丰富，接触到更广泛的党员群众。

2. 夯实基层党建信息化基础

继续推进基础设施建设。信息网络的普及是推进信息化以及基层党建信息化的前提。为了确保农村接入互联网，提升农村通信与网络水平，需要实事求是，对各个地区的情况予以深入研究，因地制宜找到建设思路，以政策保证基础设施的建设。要加快布局、提速降费，确保城乡同速，适当降低农民使用互联网的经济成本，让广大农民不仅能够用得上，还能够用得起。面对已经健全的农村基础设施，应逐步开展新一代信息技术的布局工作，以适应未来发展趋势。农村基础设施建设需要注重地区差异，东西部投资力度量力而行，实现僻远山区与交通不便地区的网络保障，西部网络欠缺地区应加快网络基础设施建设，提高互联网的覆盖人数与覆盖质量，以网络作为促进经济发展的重要手段，用网络带动基层党建，用基层党建信息化引领乡村发展。

要注意广大非网民群体，这是加强党建信息化建设的重要部分。非网民仍以农村地区人群为主。提升农村党建水平，增进基层党建信息化程度，与非网民息息相关。要注重非网民的实际需求，不能因为非网民在网络阵地上的缺失而忽视他们的声音，注重线上党建与线下党建相结合。增强人民群众意识，以人为本，利用互联网用户导向思维，切实找准非网民需求，努力解决非网民在上网过程中的难点。

3. 完善基层党建信息化机制

（1）明确基层党建信息化主体责任。基层党建信息化工作，要明确谁来负责、谁来落实，确定主体责任，保证党的领导不落空。党建信息化是线上线下共同建设的，同以往的党建工作一样，区别只是工作阵地的改变，基层党组织在推进信息化这一过程中，需要解决谁来牵头、谁来负责这一问题。明确基层党建信息化的主体责任，需考虑实际情况来设立负责人，形成多层级有系统的责任制。在实际工作中，以党建信息化促进经济发展，强化责任观念与责任意识，推动治理体系与治理能力现代化，让党建信息化平台真正作为基层党建工作的有力工具。

基层党建信息化的逐步展开与完善离不开责任人的带头，可以把党建信息化建设纳入考核机制，但需要具体问题具体分析，党建信息化的考核机制的设置需考虑实际情况，避免为了完成考核而突击式的党建信息平台建设。把基层党建平台打造成为民服务的优质平台，需要技术与观念的双重支持，可以试行“以点带面”，发掘打造优秀基层党建信息化平台，形成可复制推广的经验，让人们切实看到信息化带来的优势，借以提升信息化水平。

（2）完善基层党建信息化保障机制的建设。完善基层信息化建设需要多重保障，这不仅对基层党建信息化有重要推进作用，对全党适应信息化社会、提升党建信息化水平也有支撑作用。

第一，物质基础保障。物质基础保障既需要资金投入，也需要技术支持。从基层党组织的角度来看，党建信息化需要设备支持，无论是现阶段的计算机、智能移动手机终端等，还是未来可能随着新技术出现的其他设备，硬件系统将是制约基层党组织信息化建设的根本因素。此外，前期的准备与后期的维护、更新均需资金保障，经济基础将影响基层党建信息化的成效。在必要硬件基础设施准备妥善后，需要推进“软支持”建设，这包含软件系统、具体党建信息化的规划与设计、政策的支持与保障等。基层党建信息化要根据自身特点与发展，结合自身特色，因地制宜，确定党建信息化的发展重点与发展方向。

第二，安全保障机制建设。安全保障机制是党建信息化的基石。数据的重要性不言而喻，对党而言，数据安全更是重中之重，基层党组织在安全保障机制建设中处于末端，同样也面临巨大的安全挑战。对安全机制漏洞的及时反馈，基层干部人员信息安全意识的提升，党建信息平台的更新维护，对出现新安全问题的及时总结与分析，都能够在基层党组织安全机制建设中起到重要作用。

第三，法律法规的保障与监管。法律为当下的技术应用与建设提供保障，同时法律制定者也要面向未来，积极了解信息技术，探索信息技术未来可能产生的影响与变化。当下，基层党建信息化要在既定范围内建设，有章可循，有法可依。地方可结合政策精神，深入了解目前网络与信息相关法律规章，在法律框架内制定本地党建信息化规章制度，促进党建信息化建设，保障信息化建设水平，对信息化建设进程与后续使用进行监管，使信息化建设走向专业化、规范化。

（3）促进基层党建信息化人才机制的建设。基层党建信息化的发展者是人，面向者是人，使用者是人，党建信息化的核心是网络技术，但根本保证是人才队伍。在推进基层党建信息化过程中，具有专业性的高素质队伍十分重要，他们是党建业务的专才，也是通晓网络信息技术与其他相关内容的通才。要完善基层信息化人才的选拔、培训、交流机制，使人才在积极参与基层党建信息化的过程中，协助推进基层党建工作良好开展。

第一，在选拔方面，要侧重于熟悉基层党建的人才，注重个人基本素养与综合素质，培训网络信息技术与知识，提高专业素质，也要注重网络专业技术人才的选拔与培养，提高专业人员的思想站位与党务水平。

第二，在培训方面，促进人才培育机制的梯度建设，根据不同程度的水平，规定不同程度的培训进度与内容，可通过实践操作、观摩示范点等方式促进人才学习，结合需求制订不同的党建信息化培训方案，培育基层学习型党组织的氛围，充分发掘人才潜力，提高党建信息化能力。

第三，在交流方面，没有专业人员的地区，可以借助党建信息人才的交流沟通机制，实现人才的流动与指导。交流沟通机制的建设，亦有利于基层党组织与专业机构等合作，通过感知党建信息化的发展趋势，以及对新技术的落地实践，将其与实际党务工作相结合，助力基层党建发展。

4. 以党建信息化提升组织力

以信息技术加强基层党建工作，借此提高基层组织的战斗力与领导能力，加强基层党组织管理能力。要充分运用“互联网+党建”模式，创造基层党组织内部信息化沟通途径，打破孤立局面，实行内外部信息互相沟通，完善党建信息化系统的共享共用机制，互通有无，增强基层党建信息化系统的科学性、智能性、专业性，拓展基层党建信息化覆盖范围，进一步完善党建信息化系统，以党建信息化促进农村党组织的能力建设，提高组织力。

（1）以大数据提升党组织建设水平。大数据发展日新月异，更新速度极快，对大数据的合理应用将对社会与政党产生不可估量的积极影响。这要求党员干部加快学习步伐，提高认识，增强业务能力，为将来大数据的广泛应用做好准备，也要求各地基层党组织要把握形势，以超前的眼光来看待新技术与新事物。基层党组织要审时度势，用主动的态度了解大数据，认清下一阶段党建信息化的工作将基于大数据、云计算开展，基层党组织作为党的基层组织，需担当责任，将自身融入新技术发展的浪潮中。

基层党组织可以利用大数据进行更为有效的党组织建设。大数据集收集、分析数据于一体，能够起到一定的预知作用，要重视大数据在基层党建中的价值。基层党组织在大数据党建平台建设中应该发挥积极作用，作为党组织在基层的“神经末梢”，基层党组织有信息收集的先天优势，可以将基层党组织串联起来，构建多主体信息共享的党建平台，打破“信息孤岛”，激发数据活力。利用好大数据等相关技术，创建与完善基层数据平台，实现数据平台的实时更新，为数据分析与结果应用做好准备。充分利用云计算技术，将数据放于更广阔的范围、更专业的层面来分析判断，为上级党组织了解管理基层组织提供条件，也为基层党组织决策、开展党员活动提供数据支撑。

数据平台的构造要注重多向整合与共享，各部门之间的横向信息系统和上下级党组织间的纵向信息系统进行整合，将有利于打破信息壁垒，在此基础上构造的信息平台，各部门、各基层组织间将实现数据共享。在动态共享的党建平台上，党建部门和其他部门、各级党组织之间、党员与党组织之间、党员与党员之间实现数据的互联共享，这对基层党组织打破自身限制、提升党建信息水平、共同参与大数据建设具有重要作用。

（2）以智慧平台提升基层党建水平。

第一，发展党员工作线上线下相结合。基层党组织发展党员需总结过去的优秀经验，将优秀经验继承发扬下去，也需要以问题为导向看待发展党员中的不足，直面问题。发展年轻党员，进一步扩展源头部队，促进年轻人加入基层党建工作，改善党员年龄结构，是基层党组织保持活力的应有之义。青年党员的发展与培养工作，可以结合青年人的喜好与特点，创新工作方式，借助互联网技术，实现线上线下相结合，破除客观条件限制。

线下工作具有严肃性、稳定性、谨慎性，能够保证培养与培训工作的权威与严肃，面对面谈话也有助于党组织深入了解个人，纸质材料为建档与整理提供了必要准备。线上工作具有灵活性、变通性、创新性，能够提高工作效率，创新工作方式，确保工作不受外部环境影响，党员信息通过党建信息平台记录，线上线下材料可互相印证比对，也有助于党员个人及时接收信息。互联网将发展党员带入新的工作轨道，青年党员将为基层党组织带来新的发展。

第二，拓宽党员的管理途径。党员管理是基层党组织的日常工作之一，党员管理需要适应新的形势，糅合新的技术，以提升党建水平。基层党组织的信息化建设，在扩宽党员管理途径、创新党员管理方式上大有可为，全国联网的党建工作网站与党建信息平台，将助力基层党组织建设。党组织与党员在党建信息化系统中，将实现属于自身的唯一验证，形成独一无二的网络身份，与现实生活中的身份所对应，实现线下党支部“复制”到线上。网络的沟通有助于党内信息的流通与共享，可以实现党组织上下级之间的无障碍沟通，也有助于同级党支部之间、党员与党员之间的沟通。基层党组织要成为数据库的建立者、维护者、使用者、受益者，在人员流动、党员考核、干部工作上，数据库将带来巨大优势。

第三，运用智慧平台加强流动党员管理。流动党员管理已经成为基层党组织工作需要重视的问题之一。当今社会，人员与信息的流动更加频繁，对基层党组织也提出了更高的要求。既要鼓励基层党员合理流动，促进劳动力流通，实现个人价值，创造更大的社会贡献，也要注重联系流动党员，加强思想教育，确保党员党性。运用智慧平台，加强流动党员管理，是基层党组织解决该问题的途径之一。将党支部“搬家”至网上，纳入流动党员，使流动党员人在外心在内，流出地可以借此经常联系外地党员，流入地可以及时将外来党员纳入党支部与党小组，这对加强流动党员管理有实际作用。

（3）创新农村基层党组织内部信息化模式。

第一，“互联网+”与党内民主建设创新。随着社会的发展，党内民主也更为广泛，科技的发展为党内民主创新提供了可能，党内权力机制的运行与发展进入新的阶段，互联网技术的合理使用，对党建工作的改革与完善有一定积极作用。探索开拓网上选举、网上提名及网上公示机制，利用网络促进党内民主发展；党内民主决策可以借助大数据的分析，探索网上决策与投票机制，确保党员权益，实现党内民主决策的深入与普遍；充分利用互联网收集民意，基层党组织在实践中可以积累党员群众群体行动的经验，为更好地铺开网络民主决策奠定基础。基层党组织应该立足于自身，思考如何以网络带动党内民主建设创新，保障民主。

第二，以信息化助力不忘初心、牢记使命的制度建设。建立不忘初心、牢记使命制度是党的伟大创举，有助于党员思想的教育，保持党的先进性和纯洁性，巩固党的领导地位，增强党的执政能力。这一制度中，“不忘初心、牢记使命”是核心，是制度基础，党始终重视思想引领与教育工作，基层党组织作为党的执政根基也不能落后，该制度有助于增强基层党组织战斗力与组织力，提升党员个人素质，坚定政治立场，对基层党组织来说，这是新的要求，也是新的挑战。从制度范围来看，不忘初心、牢记使命制度应覆盖党员教育管理、党委议事工作、纪律检查工作等各个方面。基层党组织可以充分运用互联网与各个党建平台，对接上级与其他学习、管理平台，满足基层党员学习要求与需要，确保基层党组织纳入全国党建系统内，推进农村基层不忘初心、牢记使命制度建设。

第三，用网络促进“三会一课”制度的实施。基层党组织应长期坚持“三会一课”制度，这对于党员教育、完善组织生活、加强党的自身建设有很大作用。党建平台可以将“三会一课”放在网上进行，用网络视频组织“三会一课”，许多党员受时间、地域所限，无法及时参与“三会一课”，可以利用现有的信息化网络平台开展相关工作，保证“三会一课”制度的落实，讨论的内容、会议的具体情况可以实现网络留痕，需要表决与参与讨论的内容也可以利用网络来实施，“三会一课”的影响力得以拓展，时间与空间的界限不复存在，受到的限制变少，党建信息化程度提高。

第四，健全党建网络评议与考核机制。基层党建信息化建设，既要注重工作过程中的使用与发展，也要注重工作后的评议与考核，健全基层党组织网络评议与考核机制，不仅是对线下工作的延伸，也是对线上工作的总结。在全面从严治党的背景之下，基层党组织工作更要注重实效性，党组织更要注重良好作风建设，党员更要注重思想提升。基层党组织借助网络党建平台，将评议与考核机制的范围拓展，将党建信息化工作也纳入考核工作中，保证党建信息化工作有序开展。在对党组织与党员工作进行考核时，网络平台可以拓宽民众发声渠道，要注重倾听民众声音，结合实际，全面客观实现考核评议机制的运行；注重机制的标准化、专业化建设，在健全网络评议与考核机制时，深入充分了解当地情况，实事求是，根据实际情况制定不同的考核与评议标准。健全机制时需要谨防形式主义，防止为了应付考核与检查的“突击式”建设，要让网络考核与评议切实起到作用。

5. 以信息技术发展基层党群工作

（1）以人工智能推进基层群众工作。人工智能，简称 AI，即用人工的方法和技术，模拟、延伸和扩展人的智能，实现机器智能。人工智能在社会治理领域的有效应用有助于党建信息化建设，引入人工智能可以更好地服务于新时期党的建设的客观需求，为党的建设提供新的途径。党群工作是基层党组织工作的重要部分之一。借助基层党建信息化平台，党建已经可以打破各自为政的状态，将干部工作、群众工作等串联起来，并可以实现与其他重要部门的合作，有效利用起各种数据，建设或者连接各种网络平台，拓宽群众发声渠道，加强群众联系，从而实现线上线下双向联动，把群众紧密团结在党组织周围。借助人工智能实现基层党建工作的有效拓展延伸，切实提高党组织的服务质量，使基层工作更加人性化个性化。通过人工智能收集、整理、分析群众意见与看法，为农村党组织提供精准可靠的意见。

在条件成熟基础上，基层党组织可以通过引入人工智能来提升党建工作的效率，特别是以服务为重点的城市社区和广大农村。逐步引入可以实现人机对话、远程协助的智能服务终端，让人工智能深入各地，背靠专业而庞大的数据平台，先进的云计算分析技术，以及智能服务终端独有的机器情境感知和自主认知能力，可以使群众工作更为创新、更有效率。人工智能将成为基层党组织的有力帮手，更为规范化、专业化、专属化的解决方案将不必再依靠大量人力来做前期准备，基层党组织所需的智慧支持将是触手可及的事情，同时，人工智能所带来的高效与规范化的处理能力，将使基层工作人员不必将精力浪费在低效重复的工作中，实现人力资源更合理的利用。

（2）善用互联网引领宣传工作。基层党组织信息化基础设施更新换代的同时，也要注重利用现有网络资源来开展工作。网络空间的工作十分重要，影响着经济、政治、社会、文化等方方面面。网络战线是党建工作的新领域，面对网上纷繁的思想与信息，各级党组织需要坚定政治信仰，顺势而为，加强政治理论学习，将优秀思想内化于心，面对原则性问题时决不让步，面对大是大非坚决表明立场。

各级党组织应主动引领思想建设与教育，澄清模糊认识，熟悉了解并利用各种网络平台，以人民群众乐于接受的方式开展宣传工作，使党的方针政策走进人们心中。基层党组织在宣传引领的过程中不能缺席，在地方舆论及政策宣传上，基层党组织有独到的优势，结合当地特点做好宣传舆论工作，也是基层党组织的工作之一。

基层党组织在开展宣传工作上，可以结合自身实际，选择某些新媒体助力党建宣传工作，例如，基层党组织可以借助微博的沟通与信息发布功能，打造属于自己的信息发布平台，拉近与群众的距离。基层党建工作与即时通信平台相结合，可以深入到每一个党员，具有针对性，因人因事制宜，创新宣传工作方式，保证宣传效果。在宣传内容上，基层党组织建设工作应该与时俱进，了解群众心理，透视群众需求，宣传重在春风化雨，尤其是当今社会思想更为多元，个性化日益受到重视，宣传的内容与话语也要注重群众接受的程度，以确保宣传效果。

（3）以信息化建设推动信息公开与舆论监督。互联网时代，基层党组织需要注重基层党组织信息化建设，推动党务村务公开，接受公众监督。信息公开在澄清谣言、厘清事实中有着十分重要的作用，同时，信息公开也是基层党组织自身建设完备透明健康的表现，因此农村基层党组织应继续推进公开制度的完善与实施，公开的流程更为规范与专业，时效性更强，逐步推动实质公开到程序公开，公开的内容更多更广，公开的方式更为多样。

网络已经成为舆论新的策源地，互联网的交互空间为充分发表看法提供了渠道与场所，在网络社会没有客观条件限制，舆论监督有更为广阔的发展空间。基层党组织要立足自身工作，完善工作内容，勇于接受舆论监督，以监督来促进工作水平提升。畅通社情民意，让民众敢于发声、能够发声，实事求是，及时回应争议，为舆论监督创造良好氛围，为风清气正的政治生态贡献基层力量。

互联网时代带来更为多样的平等与自由，但互联网也在走向各种分歧与误导，网络带来理性的碎片化容易致使公共理性的缺失，导致群众在探讨公共事务、面对热点事件上丧失客观、多元与理性，因此基层党组织在积极融入网络社会、回应社会关切的过程中，需要辨明事实真相，了解群众诉求，以全面、客观的事实塑造基层党组织公信力，提升党建工作专业度，开拓基层党建新局面。

（4）以网络技术加强组织作风建设。作风建设隐藏于党建工作的日常之中，由党建所带动，也从党建工作中体现。加强基层党组织作风建设，要加强党员干部的群众观，既要党员干部自觉遵守党规党章，经常反省自身，通过学习提升为群众服务的意识，也要多倾听群众意见，切实了解群众的诉求和愿望，多换位思考。加强基层党组织作风建设，也需要制度的刚性约束，加强监督力度，想要作风建设长久进行，就需要把作风建设纳入制度硬约束的轨道，保证作风建设的常态化、细节化、长效化。在这一过程中，网络信息技术在加强作风建设上大有可为。克服不良风气不可能一蹴而就，将作风建设抓实抓紧抓严，要加大力度推进“两学一做”学习教育，这是一种经常性、需要长期坚持的教育，在这一过程中，借助网络党建平台，基层党组织可以加快破解场地、时间等客观条件限制，推进学习教育覆盖党员范围，深化“两学一做”效果。

中国共产党是根植于人民的党，人民群众才是社会历史发展的主体，人民立场是中国共产党的根本政治立场。基层群众反映的每一个问题，都与党的作风建设息息相关，要加强基层党组织作风建设，需要高度重视党群关系建设，密切联系群众，提升群众工作能力。通过线上线下多种方式打通群众沟通渠道，多听取群众意见，到群众中去，提高调查能力，同时，多种渠道也可以让群众意见畅通无阻，满足群众利益的多样化表达。

6. 优化完善党建信息化平台

（1）促进现有党建信息化平台下沉。目前，无论是党建信息系统，还是各类型党建APP在技术层面已经相当成熟；在功能设置方面已经基本覆盖线下党务工作内容，能够实现线上线下党务工作的无缝切换；在使用感受上，依托互联网思维，各类党建智慧平台在使用感受方面有了较为明显的改善，可以有效提高工作效率。整体来看，党建信息化平台已逐渐发展为集党政服务及宣传教育于一体，对内有较为完备的线上工作及线上发布工具，对外有高效的发布及互动的平台。这种情况为基层党建信息化工作的开展与成熟提供了坚实的基础与便捷的途径，基层党组织可以较少受到专业技术与人才队伍的限制，可以实现以尽可能低的成本实现基层党建信息化。

促进现有党建信息化平台下沉是提升基层党建信息化水平的可行途径。以腾讯“为村”平台为例，腾讯“为村”依托于微信公众号，以“互联网+乡村”的模式，助力乡村振兴。在“为村”中包括为村学习、党建之家、乡村振兴、为村课堂四项功能，同时也囊括了新闻发布、政策宣传、话题讨论与农商等服务项目。在党务工作方面，设置了党务公开、组织生活、党员日记、扶贫日记等项目，覆盖了党务工作的一部分。基层党组织可根据自身需求选择信息化平台，打造党建新媒体的矩阵体系，促进信息化平台下沉与覆盖，打通多个传播渠道，提升党建信息化水平。

（2）依托新技术打造新型党建信息化平台。基层党组织要重视新技术的发展，关注技术前沿动态，为信息技术的落地做好理论准备。目前，区块链技术逐渐受到人们的关注，基层党组织也要紧随形势，积极探索新技术对党建工作的影响。区块链技术本身有较强的加密算法，防伪造、防篡改、可追溯的技术特性可以有许多应用场景。利用该技术特性，可以在基层党建领域进行许多有益尝试，比如，党员信息系统的建立，以及构建网络党费交纳系统，区块链技术的特性可以很好地保证系统所需的安全性、牢固性、可靠性。

区块链技术与党建的结合尚处于摸索阶段，同时，智慧平台的打造离不开各级党组织的共同建设，基层党组织在智慧平台的建设与完善中处于环节末端，但是区块链技术的独特个性将在未来的基层党建中发挥重要作用。

以党建信息化水平的提升，促进党建水平的提升是必然趋势。信息技术已经深刻影响了人们的生产生活与思维方式，党建工作不能落后，将信息技术融合党建工作，探索党建工作新模式新方法新途径，是党建工作改革创新的要求，更是新时代的要求。提升基层党建水平、创新基层党建方式、改革基层党建工作要依靠新的思想、新的技术，党建信息化正是信息技术与党建结合的有效载体与可行途径。基层党组织也应把握机遇，主动适应信息化时代，提升信息化意识，推进信息化保障机制建设，开展网络工作新领域，促进党建工作的创新，主动引领网络思想潮流，勇于接受舆论监督，在全面从严治党的背景下以全新的党建信息化带动党建工作，积极运用各种新技术、新成果为党建工作添砖加瓦。基层党建信息化建设既要注重传统党建优秀的工作方法，也要接纳新途径，将传统党建与网络党建结合起来，实现彼此的优势互补，共同完成基层党建工作。

第二节 “互联网+”视域下基层党组织队伍建设

一、“互联网+”视域下基层党组织队伍建设的机遇

当前，以互联网、通信等信息技术为核心的高新技术迅速发展，极大地改变了人们的生产、生活方式，并对我国政治生活和党的建设产生了深远影响，为加强党员队伍建设带来前所未有的机遇。

（一）促进党组织与党员的沟通

随着时代的发展，网络、手机等信息载体已成为人们相互沟通、获取信息的重要渠道。网络、手机等信息化载体已成为人们获取党内信息的重要途径。与传统方式相比，党内信息传递冲破了时空等因素的限制，不再是传统媒介的单向传播，而是具有一对一、一对多、多对多的相互讨论与交流的交互性特点，使大量复杂的信息能够得到迅速、及时的传递和处理，信息载体在人们之间架起了高效畅通的沟通交流桥梁。

（二）延伸党员管理工作的触角

当前，互联网的信息化触角已延伸到社会各个角落。信息化手段具有智能化、联结性和超时空等特点，能把不同的主体、不同的地域联结成一个整体，产生信息聚合和扩散的双向作用，从而打破了时间与空间的界限，使信息的沟通方式、资源的配置途径发生了巨大的变化。发挥这一优势，可以延伸党组织管理党员的触角，破解当前党员队伍建设中的诸多难题：可以有效解决流动人口入党难问题，可以有效加强流动党员管理，可以实现对

党员的全方位监督。互联网提升了党员管理水平，破解了党员管理的诸多难题，丰富了党员管理内容。

（三）有利于创新党内活动方式

以往的党内生活方式主要采取召开党组织会议、念报纸、发文件等。随着互联网的发展，“三会一课”变得更加丰富多彩。比如，党组织可以通过网络召开党支部视频生活会，党员可以在不同地方参加党支部生活会。同时，网络技术融图、文、声、色于一体，在屏幕上创造出轻松、愉悦的教育情境，使党员在图文并茂、声情融汇的情境中感知教育信息，丰富了党员教育的形式，有效提高了党的活动对党员的吸引力。互联网的发展丰富了党员教育的内容和形式，创新了党内活动的方式。

（四）畅通党内事务的参与渠道

互联网的发展使传统的党组织上下级之间的沟通变为互动双向、多向交流，进一步拓宽了党内民主渠道，丰富了党内民主内容，为党员表达利益诉求、发表政治意愿、参与政治决策提供了更加便捷的渠道，在扩大党内民主方面，发挥了以往手段无法替代的作用。例如，各级党组织在重大决策、重要事项决定前可以通过网络征求广大党员的意见，先进党组织、优秀党员的评选工作也可以通过网络、手机等媒介来完成。互联网的发展拓宽了党员参与党内事务的渠道，提高了党员参与党内事务的积极性。

（五）有利于宣传党员先进事迹

网络传媒的覆盖面大，传播速度快，影响力强，图文并茂。充分发挥网络传媒宣传的聚焦效应，采取报道链接、照片组合等多种形式，生动讲述典型人物的感人事迹，极力展示典型人物的时代风采，并利用网络互动的特点安排先进典型与网民进行在线交流，可以使典型宣传更生动、更真实、更贴近群众，效果更好。互联网的发展，有利于宣传优秀党员的事迹、扩大先进典型的影响面。

二、“互联网+”视域下基层党组织队伍建设的路径

互联网的发展给党员队伍建设带来的机遇与挑战，要求采取有力措施，全面加强和改进互联网条件下党员队伍建设。

（一）建立健全党内信息管理系统

在互联网发展的背景下，要在充分发挥传统党员干部管理优势的基础上，逐步建立立

体化、交互式、多层级和广覆盖的党员信息管理系统，实现对党员的数字化、网络化、动态化和个性化服务与管理，不断提高党员管理的信息化水平。随着互联网的发展，提高党员管理的互联网水平应成为加强党员队伍建设的重点。建立党内信息管理系统应包括以下方面内容：

1. 建立党员数据库共享平台

要对现有的党员数据库进行完善提升，打破目前条块分割、各自为政的格局，强化功能，实现党员基础数据全国联网，党内信息在一定范围内可以随时查询。党员数据库主要应包括入党积极分子基本信息、党员基本信息、党员流向等内容，能够详细反映党员的职业、年龄、文化等结构状况。

2. 建立网络党务管理平台

要开发各种特色软件，植入党内信息管理系统中，使系统具有自动分析、统计等功能，方便党组织对党员的高效管理。运用管理系统的统计功能，使各级党组织可以快速生成并上报年报数据，实现党员数据统计自动化；利用信息管理系统，通过制作配发具有读写功能的IC芯片的党员网络身份证，可以实现党员组织关系自动接转，适时掌握党员队伍的变化情况，实现党员队伍的动态管理；运用党内信息管理系统，党员通过网上银行、支付宝等便捷的支付手段，实现党费的网上交纳。同时，可在党内管理系统上建立网上组织生活阵地，方便流动党员过上正常的组织生活。

3. 建立党建信息互动平台

党内信息管理系统应该创建一个互动性强、自主空间大、开放度高的互动交流平台。广大党员也可通过这一平台，建立个人空间和好友圈，发表建议见解、倾吐心声意愿、展示特长才华、参加并发起相关兴趣活动等，实现跨地域、跨行业、跨组织建制的党员之间的互动交流。

（二）运用网络加强思想阵地建设

要在继承传统教育方式的基础上，注重利用现代网络手段，积极探索科学的方式方法，因地制宜，因时制宜，因事制宜，因人制宜，不断提高党员教育的主动性、针对性和实效性，不断用党的先进理论武装党员头脑。加强党员队伍建设的重点应是不断用党的先进理论武装党员头脑，加强网络阵地建设主要包括以下方面：

第一，建立网上党建信息发布平台。及时反映党组织、党员在加强和改进党的建设方面的好经验、好做法，及时公布党内重大信息，使各级党组织、党员能以最快速度了解国内外政治、经济和社会生活信息，了解党和国家的重要新闻。让弘扬主旋律的优秀文艺作品和党员的先进典型事迹上网，努力形成正确的舆论导向。

第二，建立网上党建理论宣传阵地。紧紧把握党员的思想脉搏，积极利用互联网高效性、迅捷性、交互性等优点，精心打造互联网上党的思想舆论阵地。把互联网作为党传播先进文化、先进思想的重要平台，引导党组织和党员关注理论热点，掌握最新研究成果，指导具体工作实践。

第三，建立网上党校。发挥互联网不受时间、空间限制的特点，及时将各类培训通知、教育计划、培训教材等直接上网，把党的创新理论制作成网络课件，积极组织党员开展网上学习、网上交流，举办网上论坛，对党员进行网上远程教育。

（三）运用网络手段开展党的活动

互联网发展为充分运用信息网络，扩大党内民主提供了有利条件。要充分利用信息网络为党员群众提供的全新的信息传输介质、开放式平台、“近距离”对话窗口、高速率数据统计、多元化信息处理手段，不断拓宽党员通过网络参与党内事务的渠道。在出台政策文件时，党组织可以通过电子邮件、手机飞信、“论坛”、博客留言、电子问卷调查等方式，充分听取党员的意见建议，及时把握党员的思想动态，根据党员需求，有针对性地出台政策和措施，增强政策制定的针对性，进一步实现党的民主决策、科学决策。

（四）完善与群众的沟通交流机制

密切联系群众，是马克思主义执政党的本质特征，是党的优良传统，是党的政治优势。党员干部利用信息工具了解和掌握情况是越来越重要的方式。但不管通信手段多么发达，不管有多少了解情况的其他渠道，都不能替代深入实际、深入基层、深入群众进行面对面交流。为此，在用好信息化手段的同时，要建立健全党群“零距离”沟通机制。探索建立党员联系点制度、定期调研制度、群众来访接待日制度、党员干部联系基层群众等制度，通过面对面的交流，心与心的碰撞，密切党同群众的联系，赢得民心。

（五）不断提升党务工作者的素质

造就一支政治过硬、业务过硬、技术过硬、作风过硬的党务互联网人才队伍，是应对互联网挑战，做好互联网条件下党的建设的关键。一方面，提升党务工作者的网络免疫力，加强对党务工作者的思想政治教育，注重用党的先进理论武装党务工作者，自觉抵制网络不良信息的影响，在思想上同党中央始终保持一致；另一方面，加大网络知识的培训力度，对党务工作者进行网络知识培训，使党务工作者能熟练地使用网络技术，充分利用好网络资源，发挥网络的优势，为党的建设服务，为党员服务。同时，提升党务工作者的危机处理能力。党务工作者要有政治敏锐性，对网络上出现的各种信息要能及时予以分析、引导和应对。对于正面报道，要积极引导，广泛宣传；对于负面或失实报道，要积极应对，果断采取措施消除影响；对于突发事件，党务工作者更要及时介入，能够第一时间发布权威信息，澄清事实，解疑释惑，疏导情绪，化解矛盾，树立党的良好形象。

第三节 “互联网+”视域下党建工作体系的建设

互联网技术的发展对党建工作的影响逐渐凸显。围绕党建工作体系的建设，优化党建工作机制，是新时期推进党建工作的重点，也是提升党建工作质量的科学对策。因此，必须紧紧抓住互联网时代的发展机遇，优化党建工作体系的建设。

一、党建工作体系的框架

“体系”和“系统”通常具有相似的含义，根据一般系统论的开创者贝塔朗菲的定义，系统是指“相互作用着的若干要素的复合体”。“互联网+”视域下，党建工作体系是一个宏观的系统，是实现党建目标的各要素及其关系的总和，是党建活动和党建过程的集合体。党建工作体系立足于现实场域，以加强党的政治建设、思想建设、组织建设、作风建设、纪律建设和制度建设为基本内容，以互联网党建数据资源平台为重要载体，通过大数据、云计算等信息技术聚合多方面的数据资源。

党建工作体系以提升基层党建组织力为重点，突出政治功能，从强化党建工作顶层设计出发，按照基层党组织、党群部门、党务工作岗位三个维度，构建责任内容清晰、责任主体明确的党建工作责任体系。在构建党建工作体系的过程中，须从整体出发，通过党建研究、考核评价、实践总结等方式，对体系框架进行不断细化补充，根据实际实施情况，统筹全局，保障党建工作务实开展、高效推进、长足发展。在守正创新中更加富有成效地通过构建党建工作体系，构建一个党建责任清单、一种党建工作机制、一套党建保障机制、一项党建融合工程的“四位一体”党建工作体系。

一个党建责任清单是层层压实责任、传导压力抓党建工作根基，形成一级抓一级、层层抓落实的党建工作格局。一种党建工作机制是推动基层党建工作高质量发展的重要途径，提升党建工作效率，促进党建质量提升。一套党建保障机制是党建工作有序开展的保障，夯实基层党建工作基础。一项党建融合工程是推动党建工作与管理全面进步的重要条件。"四位一体"党建工作体系是相互联系、相互支撑、相辅相成的，是构建横向到边、纵向到底抓党建工作体系的支柱。

一个党建责任清单。以党建责任清单形式落实党建工作责任主体，分层分类明确各级党组织党建工作责任，通过"清单式"管理引入党建工作，强化党建工作责任考核，促进党建工作项目化、清单式落实。

一种党建工作机制。以一份党委规范性文件为统领，全面梳理汇总党建工作制度文件，分层分级确立党建工作规则，抓好党建工作责任制考核评价，做深做实工作巡察机制。

一套党建保障机制。以标准化党支部建设为抓手，用好党支部工作手册，抓好党组织工作经费制度，建强党建工作保障；坚持线上线下相结合，推进党建、数字化党建运用。

一项基层党建融合工程。牢固树立抓基层的鲜明导向，找准党建工作与基层的有效结合点，以提升队伍素质为根本，促进"政治引领、组织融合、制度执行、素质提升、文化聚力、载体创新、考核评价"的有机融合。

二、"互联网+"视域下构建党建工作体系的策略

（一）建立科学党建工作标准

针对党建工作标准的科学化构建，有助于完善党建工作体系，是党建工作体系建设的重要前提。对此，应根据互联网视域下党建工作的特点，对党建工作的各个环节进行优化。结合各不同环节工作内容，制定科学的党建工作标准，确保党组织及党员队伍，能按照标准化的流程推进党建工作，降低外部因素干扰对党建工作的影响，深化党建工作实践，使党建工作体系的建立，能按照统一标准做好管理调度。对于部分管理标准尚未明确的工作项目，应参考党组织管理要求及党员干部管理规范，对党建工作标准进行补充，使党建工作体系的建设，能根据党建工作特点进行内容的完善，为以后更好发挥党建工作优势提供支持，提升党建工作的科学性及规范性。

（二）强化党建工作队伍建设

强化队伍建设是提升党建工作顶层设计高度的关键。应根据党建的工作要求及互联网时代党建服务工作方向，将具备信息化技术应用基础及了解新媒体时代网络环境特征的党员干部，作为党建工作队伍建设的主力，并定期开展党建工作培训、交流与考核，通过分析党建工作问题及探索党建工作经验，提升党建工作质量，保证各个阶段党建工作的开

展。要形成全面性覆盖，充分弥补传统模式下党建工作的不足，改善党建工作环境，使党员干部能在党建工作体系建设方面发挥重要的领导作用，为未来阶段深化党建工作改革树立良好榜样。另外，党建工作的开展，必须结合自身党建服务工作能力，做好对工作内容的优化，避免党建工作的推进出现好高骛远的问题，从而不断提升党建工作的时效性与有效性。

（三）优化党建工作管理评价

优化党建工作的评价机制，是新时期党建工作高水平推进的核心关键。应按照党建工作规范及规章制度的要求，对党务工作干部及党员干部在党建工作方面的工作质量进行评价。利用党建的线上服务指导，为党员干部及服务人员提供问题解决建议，并围绕线上考核及线下评价两种模式，做好对党员干部党建工作的管理监督，排除人为因素对于党建工作形成的负面影响，提升党建工作的前瞻性与先进性。另外，党建工作管理评价机制的构建，要结合当前教育形势，做好对未来阶段教育发展趋势的研判，避免党建工作评价机制的构建，对各项工作形成阻碍，在合理范围内做好党建工作的管理规范，使党建工作能更好地与现阶段教育工作节奏保持一致，实现党建工作的一体化推进。

第六章 “互联网+”视域下基层党建的实践探索

第一节 “互联网+”视域下基层党组织的组织工作

党的组织工作伴随着中国共产党的成立与发展在不断完善，并为我们党顺利完成各个历史时期的根本任务提供坚强的组织保证，是党的重要工作。党的基层组织是党执政的组织基础，党的基层组织的组织工作必须坚持围绕中心、服务大局、拓宽领域、强化功能，为实现党在社会主义现代化建设新时期的奋斗目标提供有力的组织保证与智力支持。新时期，面对“互联网+”带来的机遇与挑战，基层党组织要在坚持党的指导思想与指导原则的前提下，不断探索组织工作的新方向以适应网络时代基层党建工作的新需求。

一、基层党组织的组织工作及其转型

如今，在全面建成小康社会、实现社会主义现代化建设的新时期，基层党组织的组织工作，一方面，要坚持根本指导思想，继续落实党章规定的根本内容；另一方面，要积极面对新时期的社会变革对党的组织工作带来的机遇与挑战，实现工作的创新升级。

（一）基层党组织的组织工作概要

1. 基层党组织的组织工作的重要地位

我们党从历史上就高度重视党的组织工作。党的基层组织建设和党员队伍建设在党的整个组织工作中具有十分重要的地位，任何时候都必须高度重视，自觉抓紧抓好。

（1）党开展一切工作的基础。党的组织工作的任务就是建立和巩固党组织。自中国共产党成立以来，党的组织建设就是依靠组织工作逐渐开展起来的。党通过不断加强组织工作，把千百万党员组织起来，形成一个有统一思想、统一政策、统一指挥、统一行动的组织，保证党真正实现自己的领导；党通过有计划、有质量地吸收社会各界优秀人才进入党

员队伍，壮大政党力量，为党注入新鲜血液，保持党的生机与活力，为进行新民主主义革命、社会主义革命与建设、改革开放提供充分的人才保证与智力支撑；通过对各级党组织、干部队伍和党员队伍进行教育、整顿，畅通党员能进能出机制，保证党始终保持先进性和纯洁性，维护党的威望与形象，充分发挥党员的先锋模范作用，以调动广大人民群众参与全面建成小康社会和实现社会主义现代化建设宏伟目标的主动性和积极性；党的各级组织部门与时俱进，不断根据新形势调整党的组织形式与活动方式，创新组织工作内容与工作方法，为有效开展组织工作，实现党的巩固与发展提供组织保证。

（2）保证战斗力凝聚力的重要条件。中国共产党通过党的组织建设工作，将基层党组织的战斗堡垒作用与党员的先锋模范作用充分调动，提高了战斗力和凝聚力。党不是简单的党员集合体，不是单纯党员数量的增加，而是有组织、有纪律严格规范的有机体。党的组织工作就是所有党员相互联系的黏合剂：通过党组织的设置，将全国各地域、各行业的党员分配在各个党支部、党小组中，为党员创造归属感；通过开展党员教育管理监督工作，提高党员素质，发挥优秀党员的潜力，调动党员发挥模范带头作用的积极性，真正建立思想和意志高度统一的具有高度凝聚力、战斗力的执政党。

（3）实现党的政治路线的重要保证。党的领导首先是政治领导，即对正确的路线、方针、政策和政治方向的领导。政治路线决定组织路线，而组织路线保证政治路线的实现。组织路线是保证政治路线贯彻落实的，政治路线确立了，要由人来具体贯彻执行。由什么样的人来执行？是由赞成党的政治路线的人，还是由不赞成的人，或者是由持中间态度的人来执行，结果不一样。实现党的各项目标任务，关键在党，关键在人。关键在党，就要确保党在发展中国特色社会主义历史进程中始终成为坚强领导核心；关键在人，就要建设一支宏大的高素质干部队伍。正是由于中国共产党在不同的历史时期能够根据历史任务、时代形势的变化不断调整政治路线，并且又能够根据政治路线的变化适时做出适合的组织路线，有针对性地开展组织工作，才保证每一时期党的政治路线的顺利实现。在新的历史时期，尤其是“互联网+”时代的到来，更加需要与时俱进，坚持正确的组织路线，做好组织工作。

2. 基层党组织的组织工作的基本内容

党的组织工作通常指党的各级党委组织部门的业务，包含范围广泛，凡是以组织广大党员、群众落实党的路线方针政策、实现执政党的主张与决议的工作，都属于党的组织工作的范畴。其内容通常包括党的干部工作、党的组织建设工作和人才工作等。

党的干部工作，实质是按照党的干部政策和党的方针政策，选拔、培养、使用和管理干部的工作。其主要内容包括：干部的选拔、任免，干部的考核与奖惩，干部的交流与调配，干部的教育与培训，领导班子建设，后备干部队伍建设，干部审查，干部离退休工作，干部档案与统计，干部人事制度改革等与党的干部相关的所有工作。

党的组织建设工作，主要包括党员的发展、教育与管理，党员、党组织的数量统计与党费管理，党的各级组织建设，党的民主集中制的根本组织原则以及其他组织制度的贯彻落实情况，党风党纪的维护，研究解决新时期党的组织建设面临的新情况与新问题等。

人才是经济社会发展的第一资源，党的人才队伍建设是落实党管人才原则的重要保证。组织部门对人才工作牵头抓总，是落实党管人才原则的重要保证。基层党组织是党的基层组织人才队伍建设的领导力量，以培养党政人才队伍的政治素养、提高专业素质，建立起完善公平平等的竞争机制、能上能下的代谢机制、科学规范的考核评价机制、完善的保障机制等为主要任务，落实好党管人才。

3. 基层党组织的组织工作的指导思想

党的组织工作具有鲜明的政治性、严肃的政策性、高度的综合性和很强的实践性。要做好新形势下的组织工作，必须坚持正确的指导思想，全面贯彻党的精神，努力抓好党的建设，切实以改革创新的精神抓好党员队伍建设、干部队伍建设和人才队伍建设，增强党组织的创造力、凝聚力、战斗力，为全面提高党的建设科学化水平，加强党的执政能力建设、先进性建设和纯洁性建设提供政治保证，为全面建成小康社会、实现中华民族伟大复兴的中国梦的宏伟目标提供有力的智力支持与人才资源。

4. 基层党组织的组织工作的主要原则

（1）坚持党的组织工作为党的政治路线服务的原则。组织路线是由政治路线决定的，有什么样的政治路线就有什么样的组织路线；组织路线为政治路线服务，是实现政治路线的重要保证。多年来，各级党组织和组织部门按照党中央的总体部署，坚持做到组织工作的全部活动的出发点和落脚点放在服从服务于党的政治路线，并为政治路线的实现提供组织保证，以保证党的路线实现的实际效果来评价和检验组织工作；不断注意发现和解决组织工作中存在的各种与贯彻执行党的政治路线不相适应的矛盾和问题，进一步加强了党的建设，推动了改革开放和社会主义现代化建设事业，收到了显著的成效。因此，我们要自觉地把组织工作放在党和国家工作大局下来谋划，准确把握组织工作的科学定位，更好地服从服务于党的中心任务；准确把握组织工作的整体布局，使组织工作与中国特色社会主义事业总体布局相一致；准确把握组织工作的重点任务，为科学发展、和谐发展、和平发展选干部、配班子，建队伍、聚人才，抓基层、打基础。

（2）坚持党管干部原则。干部工作是组织工作的核心，是党和人民关注的焦点。党管干部原则，就是指一切干部都应当按照干部管理权限的划分，分别由党中央和各地区、各部门、各单位的党组织负责管理。其实质就是要保证党对干部人事工作的领导权和对重要干部的管理权。在干部选拔任用工作中坚持党管干部原则，需要把握以下方面：

第一，干部工作的路线、方针、政策必须在党的领导下制定。

第二，干部的管理、决定任免或推荐、提名，必须由各级党委（党组）按照干部管理的权限负责。

第三，选拔任用干部必须经党委（党组）集体讨论，按照民主集中制的原则做出决定，决不允许个人或少数人决定干部任免。

第四，必须正确处理党委推荐干部与国家权力机关依法选举和决定干部的关系，党委推荐干部和人大依法选举、决定任免干部，在本质上是一致的。

第五，坚持党管干部原则，必须不断改进干部管理方法。

（3）坚持党的民主集中制原则。民主集中制是党的根本组织原则，是党内政治生活正常开展的重要制度保障。坚持集体领导制度，实行集体领导和个人分工负责相结合，是民主集中制的重要组成部分。党的民主集中制是民主基础上的集中和集中指导下的民主相结合。民主集中制是我们党的根本组织制度和领导制度，是科学的合理的有效率的制度，是我们党最大的制度优势。

中华人民共和国的国家机构实行民主集中制的原则。民主与集中的关系，不仅关乎各级党组织的生机活力，而且关乎各级政权的效能发挥和社会主义制度优越性的发挥。充分发扬民主，维护集中统一，是加强和改进党的建设的重要环节。必须在全党特别是领导干部中进一步加强民主集中制的教育，建立健全并严格执行民主集中制的具体制度，坚持和完善党内政治生活的各项准则，实行民主基础上的集中与集中指导下的民主相结合，努力形成既有集中又有民主，既有纪律又有自由，既有统一意志又有个人心情舒畅的生动活泼的政治局面。

（4）坚持全面从严治党的原则。从严治党作为加强党的建设的方针，是贯穿于党内生活的各个方面的。坚持全面从严治党的原则，就是要严格按照党章办事，按党的制度和规定办事；就是要对党员特别是领导干部严格要求，严格教育，严格管理，严格监督；就是要在党内生活中讲党性、讲原则，开展积极的思想斗争，弘扬正气，反对歪风；就是要严格按照党章规定的标准发展党员，严肃处置不合格党员；就是要严格执行党的纪律，坚持在纪律面前人人平等。只有把从严治党的原则落到党组织工作的实处，才能保证党员队伍的先进性和纯洁性，增强党组织的创造力、凝聚力和战斗力。

（5）坚持以改革创新的精神做好组织工作的原则。我们党担负着团结带领人民全面建成小康社会、推进社会主义现代化、实现中华民族伟大复兴的重任。形势的发展、事业的开拓、人民的期待，都要求我们以改革创新精神全面推进党的建设新的伟大工程，全面提高党的建设科学化水平。这是对新形势下加强党的建设和做好组织工作提出的根本要求。

面对当前改革发展的关键时期，以及经济体制深刻变革、社会结构深刻变动、利益格局深刻调整、思想观念深刻变化等变革，党的组织战线的同志必须坚持解放思想、实事求是、与时俱进，勇于变革、勇于创新，善于用改革创新的思路和办法解决党的建设和组织工作中的重大课题，不断以改革创新的精神探索研究面临的新情况和新问题，不断探索提高党的执政能力、保持和发展党的先进性和纯洁性的有效途径，积极推进党的建设和组织工作的理论创新、制度创新、工作创新、方法创新，使党的建设和组织工作的各项措施、改革方案符合时代的变化、符合客观实际，经得起实践的考验。只有这样，才能使组织工作在新形势下不断有所发展，有所创造，有所前进，才能更富有时代气息，更富有实效。

（二）基层党组织的组织工作转型

1. 社会结构变化与党员流动性

随着市场经济的发展，企业所有制、就业方式、生活方式等日益多样化，伴随全球化与网络信息技术的普及，社会结构逐渐发生变化，为党的组织工作带来新的挑战。

（1）基层党组织覆盖面有待扩大。随着经济的发展，涌现出了大量非公有制经济组织，这些经济组织由于规模较小，稳定性不强，以追求经济利益为最大目标，优秀员工主动递交入党申请书、加入党员队伍的积极性不高，这就为基层党组织开展组织工作带来挑战。

（2）大量新兴社会组织的出现也为基层党建工作与党的组织建设拓展了新领域。当前，农民生产合作社、专业园区、行业协会、活动团体、住宅小区等已经代替原来的简单的单位、村落、社区成为广大民众重要的活动空间，这些社会组织的基本组成单位为基层党组织开展组织工作提出了新的问题。

（3）社会分工精细化，人口流动的加快，对流动党员的管理提出了挑战。流动党员在参加组织生活、接受党员教育、交纳党费、党组织关系转接等方面存在的问题需要进一步解决。

2. 社会观念意识的变化

市场经济的发展也给社会群体带来了思想观念的变化，部分党员就业观念、思想认识的变化为党的组织工作提出了新要求。利益多元化与就业岗位的增加造成部分党员就业选择发生了巨大转变。

同时，党员流动性增加，在区域和行业间流动频繁，尤其是部分下岗失业的党员容易受到社会不良思想观念影响，思想波动较大，而且四处寻求就业或者艰难再就业造成其不能正常参加党组织的活动。基层党组织想要端正党员态度，留住人才，有序开展组织生活，必须正视当前社会与党员群众中存在的观念变化，将其作为基层组织工作的重要部分。

3. 网络信息技术的普及

（1）对基层党组织的组织工作形式带来的挑战。传统组织工作形式主要是召开会议、传达文件、发放简报、电话通知甚至人力传达，程序复杂，效率较低，资源使用量大。而如今互联网以其信息传播即时性、互动性、资源共享性的特点，对创新党组织设置、开展党组织活动提出了新的要求。

（2）对基层党组织的组织工作内容提出了挑战。互联网使信息沟通扁平化，做好信息的保密与公开成为组织工作的重点。原有的历史资料数据相对滞后，部门间资源整合性较差，容易出现"信息孤岛"的现象，亟须利用互联网建立起地区、部门组织间相互联系的网络信息数据库。

（3）对基层组工干部队伍提出了挑战。"互联网+"时代对组织部门、组工干部的思想观念、专业素质提出了新的要求。目前熟悉掌握"互联网+"的组工干部不多，不少干部不能很好地利用"互联网+"的思维和技术提升组织工作水平，跟不上社会信息化高速发展的步伐，高效便捷的信息手段还没有充分融入具体工作之中。

总之，面对新形势、新情况对基层党组织的组织工作带来的新问题、新挑战，必须与时俱进，借鉴其他行业对互联网的应用经验，将网络信息技术与党的组织工作紧密结合，为基层党组织的组织工作投入新元素，增添新活力。

二、"互联网+"基层党组织的组织工作及变革

"新时期下，基层党组织应当深入了解到现代信息技术对基层党建工作的重要促进作用，要将互联网技术真正渗透到党建工作的方方面面，推动基层党建理念、方法的不断创新，促进党建工作科学化水平不断提升。"① 依托"互联网+"开展基层党组织的组织工作，是顺应"互联网+"时代要求的必然选择，对于提高党的组织工作效率、规范组织程序、完善党内民主、进一步推进党的基层组织建设工作的科学化具有重要意义。各级基层党组织积极探索，勇于创新，总结了有益的经验，开拓了新的工作平台，为"互联网+"基层党组织的组织工作的开展提供了有益的参考。

---

①彭斐. 基层党组织如何应用互联网提升党建工作水平［J］. 公关世界，2021（14）：21.

（一）“互联网+”基层党组织的组织工作的内涵

“互联网+组织工作”是指新形势下围绕党的执政能力建设、党的先进性与纯洁性建设，服务组织工作大局的一项基础性工作，是采用信息技术和电子信息设备推动组织系统改进工作方式、提升工作效率、提高党员干部自身素质的重要途径，是实现组织工作科学化的重要保证。

中央组织部召开全国组织系统信息化建设工作座谈会，提出要把信息化建设作为推进组织工作改革创新的重要内容，作为提高组织工作科学化水平的有效手段，加快组织系统信息网络建设步伐，加大信息资源开发利用力度，努力运用现代化手段推动组织工作的创新发展。同时明确，大力推进以国家电子政务网络为依托、以中组部为中心节点，贯通省、市、县党委组织部，连接中央和国家机关部委、部分国有重要骨干企业和高等院校组织人事部门的“大组工网”建设，计划连接到所有市、县；抓紧建设全国党员信息库，加快建设公务员信息库，逐步推进人才信息库建设，进一步完善领导干部信息库；加强安全保密体系建设，着力建设好“大组工网”安全管理平台。

“互联网+”行动战略的实施不仅需要专业信息技术、硬件设施的投入，更需要在观念、体制、管理等方面的改革。如何实现各地区、各部门间党务管理工作相关信息数据的共享，让党员办事少跑腿、人才引进有渠道、领导干部选拔任用有监督，成为“互联网+”时代基层党组织的组织工作的重要任务。

（二）“互联网+”基层党组织的组织工作的重要性

互联网与基层党组织的组织工作相结合，对于提高组织工作效率，进一步推进党务公开，完善党内民主，实现基层党组织的组织工作的进一步科学化与规范化具有重要的推动作用。

首先，“互联网+”有利于提高基层党组织的组织工作效率。随着市场经济的发展和经济体制改革的持续推进，传统的“金字塔式”的管理结构已经不能更好地将基层党组织的组织工作效能充分发挥出来，建立高效的、纵横交叉的、互动的网络系统，可以综合运用信息网络快速、便捷、高效、双向互动、远程虚拟、零时间零距离信息流动等特点，使党务工作的信息在一定范围内公开和共享，提高党务信息发布和反馈的效能。借助信息网络技术和信息管理技术，党建信息网络工作系统逐渐建立健全，基层党组织运行由单纯实体性向实体性和虚拟性相结合转变，逐渐实现党组织活动的多元化、网络化与现代化；党员干部逐渐由被动接受到主动学习；通过党建信息系统自主交流与沟通，实现对党员干部的动态管理等。

其次，“互联网+”有利于进一步完善党内民主。党内民主是党的生命，是党内政治生活积极健康的重要基础。充分发挥党内民主，是党的事业兴旺发达的重要保证，也是获得党内共识、巩固党的团结统一的重要保证。随着我国的社会结构与利益格局发生重大变化，完善党内民主就需要更加科学的利益表达、利益协调、权益保障机制，互联网是实现党员群众利益诉求表达最便捷有效的手段。一方面，党员可以通过各种网络渠道包括组工网站、政务微博、微信等网络信息平台充分行使知情权和参与权，就党和国家关于政治、经济、文化和社会等的决策以及基层党务工作中存在的问题表达自己的意见与建议；另一方面，党的组织机构可以通过互联网将党中央的路线方针政策、党务信息、最新党建动态等及时传递给基层党组织和党员，在进一步实现党务公开的过程中达到教育党员、提高凝聚力的目的。这对于提高政策措施的针对性和科学性、确保党中央的方针政策和具体工作部署更好落实具有非常重要的意义，对于夯实党的执政基础、树立党的执政形象、增强全党的凝聚力具有非常重要的作用。

最后，“互联网+”有利于推动基层党组织的组织工作的科学化与规范化。按照最先进的价值理念与价值需求，运用先进的信息技术与科学手段，建设科学化与规范化的党组织，促进党务工作管理手段的创新，提高组织工作的运作效率，实现基层党组织的组织工作的科学化规范化，是“互联网+”时代为组织工作带来的新优势。网络信息传递的快速以及信息管理的有效为党员、干部与人民群众之间架起了有效沟通与交流的桥梁。信息网络服务平台的建立使党组织和党员干部相关资料“入网”，实现对党组织和党员干部实施有效监督与管理，能够更加有效便捷地掌握党组织与党员干部的动态信息，更加及时了解民众动态，为实现科学决策提供有效依据，实现党的组织工作的科学化与规范化。同时，互联网为党员干部增强学习能力、提高学习主动性创造了新的平台。

网络信息以其开放性、全面性、即时性成为党员与党员干部学习专业知识、了解社会动态、增强党建知识的重要来源，使党员干部增强了对党组织的了解，提高了自我的辨识能力与专业素养，为基层党组织的组织工作的科学化与规范化创造了有利条件。

（三）“互联网+”基层党组织的组织工作的变革

将“互联网+”应用到基层党建工作中，为基层党组织的组织工作带来了巨大的变革。

1. 工作理念的变革

思想是行动的先导。组织工作想要进一步适应时代发展，为党开展一切工作提供坚强的组织保证，就必须实现工作理念的变革。从不懂互联网到开始熟悉互联网，从不重视互联网到主动学习互联网，从逃避网络到主动应用网络，是党的组织工作理念的一大变革。在社会氛围的带动下，党务工作者要进一步解放思想、重视创新，各基层党组织通过引进高科技人才、投入网络建设资金等创新组织工作方式与内容。

总之，互联网成为基层党建工作开启创新时代的助推器，凡是符合组织工作发展规律，有利于优秀干部人才脱颖而出和健康成长、有利于党组织和党员发挥作用的制度和办法，都应该得到鼓励和大胆尝试。

2. 工作实践的变革

随着互联网在基层党建工作中的普及，基层党组织的组织工作也逐渐探索出新的实践。充分利用互联网的即时性与便捷性，创新工作平台，运用党建网站、微信、微博、党建 APP 等网络渠道，创新党员干部远程教育、党员管理服务等工作方式，拓展工作领域，提高工作效率。建设好干部、党员、人才信息系统，党组织和党员信息库，党建网站和组工网站及办公自动化系统，通过开展网上组织生活、交纳党费、交流思想体会等活动，使党建工作与现代信息技术对接，建立党建工作信息传播新模式，实现党建工作信息化的变革。

3. 工作方法的变革

工作方法的变革是党的组织工作在网络时代变革的重要体现，方法的革新才能带来更多与时俱进的组织工作实践创新，才能更好地推进组织工作走向新阶段。

（1）分类研究与统筹规划相结合。社会利益多元化、网络空间观点多样化促使党建工作者更加重视党员的心理变化与情感认同问题。通过研究不同的年龄段、不同领域等的党员心理需求与实际需要，比如，流动党员的归属感问题、年轻党员的认同感问题等，分类设计出组织工作开展方式、工作方法，提高了组织工作的针对性与时效性。

（2）规范性与引导性相结合。社会的进步与网络的普遍应用促使广大党员的自主意识增强，党的工作方法也发生了变化。组织工作在重视组织工作制度机制建设的同时，更加重视发挥引导作用，运用互联网开展宣传教育工作、为党员提供解决实际问题的服务、维护广大党员通过网络表达利益诉求的权利等，调动党员维护党组织的主动性与积极性，为党的组织工作开展营造良好的社会氛围。

（3）继承与创新相结合。在继承传统组织工作的优势的基础上，面对区域化党建的新形势，党的组织工作开始以区域党建为重点、网上党组织为有效补充，建立起覆盖面广的党组织体系，实现党组织由实体向网络的延伸。

4. 党务工作队伍的变革

基层党组织的组织工作实现变革关键在人，关键在于党务工作队伍。互联网时代不仅对党务工作队伍的思想带来冲击，对其工作能力与综合素质也提出了新要求。建设一支信息化党务人才队伍成为“互联网+”时代基层组织建设工作的重中之重。通过教育培训、实践锻炼等形式，提高组工干部对互联网的重视程度与实际应用能力；将网络运用能力作为干部选拔的必备条件，真正将擅长网络传播、知识广博的新型党建人才吸纳到党的建设工作队伍中来。比如，目前基层党组织的组织工作非常重视利用整合资源，在部分基层党组织中，整合大学生“村官”“三支一扶”等年轻干部，培养一支专业信息化队伍，让其承担部分信息化建设任务，解决农村技术没人懂、设备不会用的问题；在社区建立一支由党组织负责人、青年社工和机关干部组成的“新版主”队伍，管理社区网上党务，发挥其骨干作用等。

三、“互联网+”基层党组织的组织工作的路径

中国的现代信息技术依旧处于不断完善与发展的阶段，互联网与基层党的组织建设工作的融合更是需要不断探索与完善。当前党的基层党组织的组织工作在运用互联网技术方面取得了一系列的成就，但是依旧存在一定的不足，需要我们不断探索，寻求“互联网+”党的基层党组织的组织工作更大的发展空间。

面对“互联网+”行动计划的新机遇，组织部门必须及时转变观念，实现规范化建设，加大人力物力的投入，真正将组织工作融入“互联网+”的浪潮中去，不断与时俱进，创新工作方法，提高工作效率，为组织部门真正适应信息化时代的要求奠定坚实的基础。

（一）加强顶层设计与规范化建设

加强“互联网+组织工作”的顶层设计，统一规划，建设覆盖全省甚至全国的网络组工信息平台，真正实现信息资源共享，保证工作效率与质量。

组织工作信息化平台的建设要积极借鉴各个地区正在探索的并且已经取得一定成绩的平台，在此基础上进行创新与提升。同时，各地基层组工信息化平台建设要具有自身的特色。根据本地区发展实际与区域特色，开发设计具有本地区实际需要的模块，在统一配置技术架构的基础上突出特色，实现资源共享。同时，重视网络基础设施的维护，充分运用在线诊断、远程操控等方法保障网络正常运营，减轻基层负担，提高工作效率。这为在全国搭建“互联网+组织工作”统一信息化平台积累经验，提供借鉴。

（二）完善组织工作的基础数据库建设

按照组织工作的实际需要，完善党的组织工作基础数据库，如干部档案、干部岗位业绩考核基本信息、党员基本信息、优秀后备人才信息等基础数据库等，挖掘信息化平台中

信息和数据的价值，充分利用大数据、云计算等技术对数据进行分析，为各项组织工作提供科学决策依据，实现对组织工作特别是重要岗位干部业绩的精准研判。探索研发干部信息大数据系统，建立不同类别的预测指数，如创新性指数、学习性指数、廉政指数、群众认可指数等，综合各项指数，优化配置干部资源，用科学可靠的“数据”为干部选拔使用提供支撑。结合“互联网+”系统特有的支持能力，有效整合现有的大组工网、党建信息平台资源、远程教育培训平台资源、视频会议系统以及各地试点创新的平台资源，利用更加开放的高水平的“互联网+”平台，对已有信息技术系统进行改造提升，无缝对接人社部门、财政部门等数据资源，实现在新平台上的互联互通，尽量降低开发成本和维护成本。

（三）创新基层党组织的组织工作平台

首先，党建信息化平台要顺应时代发展要求，迎合党建发展新方向，进一步明确定位，完善功能。比如，完善党务管理功能，健全党组织关系网上转接、党费管理、流动党员管理、党员活动登记、“三会一课”、党员发展、考核评比等管理平台，保证党员过上有组织的网上组织生活；建设信息公开与网络监督平台，通过及时的党务公开，将干部任免、奖惩情况进行及时公开，保证党员群众的知情权与监督权，提高选拔任命干部的公开性与透明性。

其次，充分利用移动新媒体渠道，创新工作新平台。“互联网+组织工作”的开展必须顺应新形势，依托快速普及的智能手机，充分利用 QQ、微信、微博、APP 等新媒体渠道开展干部绩效评估、党内政治生活、人才管理、流动党员管理等组织工作，实现党务工作由“单边灌输”向“互联网+”时代互联互通转变。

（四）强化基层工作人员专业技术培训

首先，在全面推进“互联网+组织工作”过程中，应及时对基层工作人员、技术人员等进行计算机业务培训，尽快让他们熟悉互联网技术。

其次，重视对各级组工领导干部进行互联网知识的教育与理念培训，让他们以更加积极的态度支持“互联网+”在组织工作中的应用推广。

最后，加强对大数据、云计算等“互联网+”高端技术与装备的筹划应用能力建设，及时在基层开展相关业务知识和能力培训，丰富组工干部“互联网+”的知识储备，提高组工干部运用“互联网+”推动组织工作的能力。

组工系统管理着最重要的干部资源、人才资源和党员信息资源，对党和国家的未来发展具有深远的影响。因此，组织工作更应该主动适应大数据时代的发展趋势，积极探索，为组织工作真正实现与互联网时代的融合提供技术支持，为广大组工干部积极参与信息化建设提供经验借鉴。

总之，加快“互联网+组织工作”建设是时代发展的必然要求，是夯实党的执政基础、增强党的凝聚力的必然选择。

第二节 “互联网+”视域下基层党组织的舆论宣传工作

在互联网愈加普及的情况下，互联网领域意识形态斗争愈加激烈，“互联网论政”越来越成为当代政治生活的重要组成部分。重视互联网领域宣传工作的理论和方法研究，利用互联网传播的特点和优势，增强网络舆论宣传的吸引力和战斗力，是做好党的宣传工作的重要任务。

一、基层党组织的舆论宣传工作及其转型

舆论宣传工作是基层党组织的重要使命，也是加强党与群众的联系、巩固党的执政基础的重要途径。舆论宣传工作一直是作为基层党组织工作的重要内容来重点部署、重点推进的，有力地推动了党的路线方针政策在基层的施行，从基础上巩固了党的领导。

（一）基层党组织的舆论宣传工作概要

1. 基层党组织舆论宣传工作的重要地位

中国共产党成立多年的历史经验表明，党的舆论宣传工作在党的事业中具有极其重要的地位，经济建设是党的中心工作，而意识形态工作是党的一项极端重要的工作。

（1）基层党组织的工作对象。基层党组织的工作对象主要有两方面：一方面，面向群众进行宣传；另一方面，按照民主集中制的原则对本组织内部的党员同志进行团结和教育。

（2）对党员的宣传教育。对党员的宣传教育主要有三项重要内容：①按照党的基本理论、基本路线、基本纲领、基本经验、基本要求等内容来教育全体党员，统一全党思想，以达成全党在组织上的团结和行动上的一致。②通过舆论宣传提高基层党员的党性修养。保持党员干部在思想上政治上的先进和纯洁，是保持党的先进性和纯洁性的根本，因此通过宣传舆论保持党在思想上的纯洁至关重要。③提高党员的自身素质和工作能力。提升党员的业务素质和工作能力，保持共产党员在经济生活和社会生活中的先进性，这些都依赖

于基层党组织的贯彻落实。因此，党员的思想状态和党的组织的团结都需要依靠党的基层组织的宣传工作来实现。

（3）基层党组织对群众的舆论宣传工作，主要有以下三大任务：

一是对人民群众进行意识形态宣传教育。与西方选举民主式政党不同，中国共产党在回应民众基本需求的基础上还强调自身的先进性和理念的前瞻性。而党的先进理念和对国家发展的前瞻性规划在人民群众中无法自发产生，需要党从外部进行灌输。因此，中国共产党历来重视通过宣传工作对社会民众进行意识形态教育和路线、方针、政策教育。

二是动员广大群众团结奋斗。宣传的目的在于行动，它担负着激发和增强群众的积极性、主动性和献身精神的任务。例如，党的十八届五中全会中强调要强化基层党组织整体功能，强调在全面建成小康社会的重要关口，动员人民群众团结奋斗，贯彻党的群众路线，提高宣传和组织群众的能力。

三是引领社会主义先进文化发展。在改革开放和市场经济条件影响下，党的舆论宣传工作担负着增强人们对于形形色色错误思潮的识别力、免疫力和抵制力，形成健康向上的社会文化的任务。

总之，基层党组织的舆论宣传工作在党的建设中至关重要，尤其是在新形势下，加强和改进党的基层组织的宣传工作对于提高党的基层组织的凝聚力、战斗力有着非常重要的意义。

2. 基层党组织舆论宣传工作的基本内容

党章中对于党的基层组织的基本任务做出了明确的规定，并且对各不同类别中基层党组织发挥自身功能做出了不同的规定，结合当前实际，基层党组织的舆论宣传工作内容主要包括：基层党组织应当向群众宣传中央的大政方针，宣传党的路线、方针、政策和决议，尤其是其中涉及群众切身利益需求的部分。深入开展社会主义核心价值观的学习教育、爱国主义教育、民族团结进步宣传教育、社会主义市场经济原则和法律法规教育等学习教育，密切联系党员和群众，做好群众的思想政治工作，发现、培养和推广典型。具体有以下三个方面的工作：

（1）政治宣传。政治宣传主要是思想政治教育，即用科学的理论和先进的思想宣传教育党员、群众。它主要包含两个方面的内容：一方面，系统教育，即以理想信念为核心，大力开展党的基本理论、基本路线、基本纲领教育和爱国主义、集体主义、共产主义教育，党的性质、宗旨、作风、纪律教育，社会主义民主法制教育等；另一方面，日常教育，对党员和群众进行形势政策教育、利益关系教育、遵纪守法教育、业务技术教育等，帮助党员和群众正确理解党在现阶段的路线、方针、政策，正确处理个人、集体和国家的利益关系，遵守党的纪律、国家法律。

（2）经济宣传。生产活动是人类社会最基本的实践活动，随着中国特色社会主义市场经济理论的成长、发展和趋于成熟，需要向党员和群众积极进行宣传教育，使群众了解我国的经济政策、经济形势，在中央的政策导向下进行生产经营活动。

第一，宣传党的基本经济理论和经济政策。我党的基本经济理论是中国特色社会主义经济理论，这一理论旨在指导我国经济的发展，确保经济的可持续增长和社会的和谐稳定。通过宣传党的基本经济理论，可以使党员和群众更加深入地了解我国经济制度的特点、优势和发展方向，从而增强他们对中国特色社会主义经济建设的认同感和自信心。

第二，动员党员和群众团结奋斗，通过自身努力创造社会财富，发展社会主义生产力，实现国家繁荣富强，人民生活富裕。经济宣传应该动员党员和群众团结奋斗，通过自身努力创造社会财富，发展社会主义生产力，实现国家繁荣富强，人民生活富裕。在市场经济的背景下，经济活动是推动社会发展的重要力量。通过经济宣传，可以向党员和群众传达这一观念，激发他们的积极性和创造力，促进他们自觉地参与经济活动，为国家的经济发展贡献力量。同时，经济宣传也可以帮助党员和群众更好地了解和把握市场经济的规律，提高他们在经济活动中的素质和水平。

（3）文化宣传。党的宣传工作以“团结稳定鼓劲、正面宣传为主”为原则，这也是社会主义文化宣传的重要导向。基层党组织的文化宣传主要包括文化宣传和生活方式倡导两个重要内容。

一方面，指利用我国的宣传文化系统和文化事业提升人民群众的知识、智力水平。我国的宣传文化系统规模庞大，包括报刊、广播电台、电视台、出版社、杂志社等新闻舆论部门，也包括大学、中学、小学和其他各类成人教育、职业教育、干部教育等教育部门；歌舞团、剧团、电影制片厂、电影院、剧院、俱乐部等文化部门以及文艺团体和文化娱乐场所；文化馆、图书馆、纪念馆、展览馆、博物馆等文化设施和纪念展览设施。基层党组织应当引领党员和群众利用上述的系统，接受科学文化知识和艺术熏陶，提升自身素养，在潜移默化中实现社会主义的价值认同，同时涉及上述文化宣传系统工作的基层党组织，应当具有对自身工作的清醒认知，警惕工作中的价值导向，在党的领导下，进行正确的宣传教育。

另一方面，价值观的塑造以及生活方式的倡导。首先要做好社会主义核心价值观的宣传，主动把富强、民主、文明、和谐，自由、平等、公正、法治，爱国、敬业、诚信、友善贯穿于基层党组织日常工作的全过程。生活方式是党员党性修养的重要体现，也是群众自身素质的重要表现，基层党组织应当引导党员和群众建立与中国特色社会主义相适应的理想、信念、道德观、价值观、审美观，树立与中国特色社会主义相适应的理想信念。

3. 基层党组织舆论宣传工作的方式方法

宣传思想工作的基本要求是一定要把围绕中心、服务大局作为基本职责，胸怀大局、把握大势、着眼大事，找准工作切入点和着力点，做到因势而谋、应势而动、顺势而为。宣传工作的基本遵循是坚持团结稳定鼓劲、正面宣传为主，这是宣传思想工作必须遵循的重要方针，在事关大是大非和政治原则问题上，必须增强主动性、掌握主动权、打好主动仗，帮助干部群众划清是非界限、澄清模糊认识。具体到基层党组织的宣传工作，应当遵循的基本原则包括：一是实事求是，注重实效；二是坚持群众观点和群众立场；三是增强看齐意识，在思想上政治上同党中央保持高度一致；四是坚持政治效益、经济效益和社会效益、生态效益相统一的原则。

树立了正确的原则，还要有正确的方法来实施，中国共产党在长期的革命、建设和改革实践中，积累了丰富的宣传工作经验，形成了许多行之有效的办法。基层党组织宣传工作的方法应着重于以下方面：

（1）善用互联网和新媒体。电子邮件、网站、微博、微信等新媒体的发展改变了信息的传播方式，也改变了群众接收信息的习惯和思维模式。基层党组织应当主动积极地运用新媒体进行宣传工作，主动沟通，主动发声，主动运用多种新媒体渠道宣传党的路线、方针、政策。

（2）具有针对性，因人因事制宜，杜绝不分对象、“一刀切”的工作方法，区分宣传工作对象的层次以及不同层次宣传对象的需求，对其进行有针对性的灵活的宣传工作，保证对宣传资源最大效能地利用。

（3）多采取潜移默化的影响方式，减少生硬的、强制的、突击的宣传模式。宣传工作不同于行政命令，宜温和不宜强硬，尤其是在当前思想多元的社会，群众个体化倾向日益强烈，基层党组织的宣传工作需要通过增强自身吸引力、通过潜移默化的方式逐渐影响党员和群众的思想和行为，着眼长远。

（4）领导干部以身作则。宣传思想部门工作要强起来，首先是领导干部要强起来，班子要强起来。各级宣传部门领导同志要加强学习、加强实践，真正成为让人信服的行家里手。党中央强调看齐意识，在基层党组织中，基层的党员领导干部的行为就是党员和群众看齐的目标，也是群众眼中党的形象最直观的指标。基层党组织的党员领导干部必须对自己高标准、严要求，以身作则，言行一致，自觉树立良好的形象，增强基层宣传工作的说服力和感染力。

（5）树立典型，激励群众。树立典型对群众进行激励是中国共产党长期使用的宣传方法，通过王进喜、雷锋、焦裕禄、廖俊波等一个个耳熟能详的名字和他们的鲜活事迹对人民群众进行有效的动员。宣传工作要多宣传报道人民群众的伟大奋斗和火热生活，多宣传报道人民群众中涌现出来的先进典型和感人事迹。典型人物能够激起群众对于人性和个人潜能的重新认识，具有非常好的思想引领作用。

（二）基层党组织舆论宣传工作的转型

要以改革创新精神不断推动党的建设新的伟大工程，全面提高党的建设科学化水平。创新基层党建工作，健全党的基层组织体系，要充分发挥基层党组织的战斗堡垒作用。“从严治党，依规治党”，这对新形势下加强党的基层组织建设、提高基层党组织的舆论宣传能力提出了新要求。

当前，信息化已经由最初的技术革命发展成为推动全球范围经济、社会和生活方式全面变革的助推器，互联网已深入国民经济及百姓生活的各个领域。我们党在面临长期执政、改革开放、市场经济、外部环境“四大考验”的同时，也面临着“信息化”给党的宣传工作特别是党的基层组织的舆论宣传工作带来的新考验。

一是党员组成结构的变化和流动性的增加，给党员的宣传、教育、管理带来新问题。网络技术极大地改变了人们的生活方式，也使基层党组织舆论宣传工作的环境和对象都发生了深刻变化。随着党员群体的代际更迭和时代环境的变化，党的舆论宣传工作的对象逐步转为以 00 后“数字原住民”为主体，基层党组织的舆论宣传工作也需要做出相应改变，通过信息化方式使党组织与党员可以突破时间、空间限制更有效地进行沟通交流，便于宣传教育。

二是广大群众的生活方式和认知水平发生了很大变化，给基层党组织的舆论引导、宣传普及工作带来新的难题。互联网已成为人们生活中不可或缺的部分，人民群众的日常交流、学习认知也越来越依赖互联网和各种自媒体平台。在网络信息日益占据群众业余时间和精力的情况下，党的传统宣传媒介很难进入群众的日常生活领域，对群众的宣传引导也很难达到“及时、正向、高效”的效果。必须通过信息化方式扩大党组织舆论宣传舞台和覆盖范围，“嵌入”到群众网络生活中。

三是社会环境的深刻变化给基层党组织舆论宣传工作带来新的挑战。改革开放以来，随着社会利益格局的深刻变动，原有的社会阶层结构被打破，群众的利益诉求日益多元，潜在的利益冲突日益显现，各阶层群众对自身的利益诉求有了清醒的认识和坚定的追求；加之对外开放不断深化，国外知识、新闻、评论等带有倾向性的媒体和文艺作品的传入，给处于社会变动中的人们以新的思想冲击，影响了大众的判断力。这就需要借助互联网信息技术开辟更加生动、亲民的平台，拉近党组织与群众的关系，维护党的良好形象，夯实党的执政基础。

二、“互联网+”基层党组织舆论宣传工作及变革

党的十八大以来，全党上下已形成党要管党、全面从严治党，提高党的领导水平、巩固党的执政地位的良好氛围和趋势。全面从严治党，必须加强党的基层组织建设；提高党的领导水平，必须加强基层党组织的舆论宣传工作。

（一）“互联网+”基层党组织舆论宣传工作的内涵

信息化时代党员的个体主动性、行为分散性日益增强，党员的教育管理面临着“党员不在党组织”的考验；网络技术的开放性削弱了党员群众对党组织的依存度，淡化了组织观念，党组织对网络空间的组织覆盖、对党员群众的正向引导面临着互联网虚拟世界的挑战；互联网的深入发展深刻改变着人们的生产生活方式和思维方式，传统的基层组织舆论宣传方式面临着不适应现代人的生产生活方式和行为习惯的危险……这些成为摆在全国基层党组织面前的重大难题。但同时互联网思维的应用为创新党的基层组织管理带来了新机遇，提供了新途径。

“互联网+”舆论宣传工作，致力于利用和搭建互联网与自媒体平台，把互联网与基层党组织建设紧密结合、与党的舆论宣传工作紧密结合、与基层党组织开展的主题活动紧密结合。比如，通过开展便捷式党务管理、创新多样化组织活动、提供一站式党员服务、进行党员日常监督考核等，搭建基层党组织面向党员的工作管理平台；通过及时发布中央最新方针政策、党的基本知识、党的历史知识、关于党的思想理论的解读等，搭建基层党组织面向党员群众的学习教育平台；通过及时发布党组织开展的活动信息、进行党务政务公开、及时进行信息反馈处理和共享，搭建基层党组织面向党员群众的信息共享平台；通过促进线上活动与线下活动的融合，主动关怀党员群众，想群众之所想，急群众之所急，搭建基层党组织面向党员群众的交流互动平台。以多措并举、多平台共用，最终服务于基层党组织面向党员群众的舆论宣传工作，服务于践行党的群众路线，服务于巩固党的群众基础和执政基础。

（二）“互联网+”基层党组织舆论宣传工作的变革

在如今的信息大潮背景下，推动“互联网+”舆论宣传工作迈向新的更高水平，将带来党的宣传工作一系列新的变革。

1. 宣传方式的变革

在传统“二元对立”的宣传方式中，党员和群众一般处于被动地位，无法选择“听什么”“怎样听”“听完如何反馈”等问题。互联网时代下，舆论宣传工作可以既讲党性，体现党的性质；又能坚持为人民服务，把党的宣传工作与践行党的宗旨结合起来；还能通过交流互动把体现党的主张和反映人民心声统一起来，树立以服务人民群众为中心的工作导向，解决好“为了谁、依靠谁、我是谁”的问题，实现“为党讲话即是为人民讲话，为人民讲话也即是为党讲话”。

2. 宣传手段的变革

互联网时代，微信、微博、网络直播、手机客户端等新媒体形式和平台，使人民更容易获取信息。而报纸、出版物等传统纸媒受欢迎程度越来越低，在媒体市场的占有率逐年降低。在这种形势下，党组织积极适应新变化，充分运用现代传媒新手段、新方法，以新的理念、新的手段抢占这片网络舆论新阵地。通过打造全媒体平台，以现代信息技术为支撑，以互联网信息为核心，报刊网络整体联动，突破媒体形态边界，实现传统媒体与新兴媒体有机衔接，构建信息内容生产、传播、共享、互动一体化开放平台，提高舆论宣传工作的时效性。

3. 宣传范围的变革

传统宣传手段在实际使用过程中往往受主体、客体、载体、时间等主客观因素的限制，宣传范围受到较大局限。而信息科技时代下的舆论宣传工作则打破了范围限制，实现了宣传工作的“三个全覆盖”。

（1）宣传内容的全覆盖，既可以在互联网平台上宣传党的历史的相关知识和思想理论，也可以介绍党治国理政新理念新思想新战略。

（2）宣传对象的全覆盖，无论是党的领导干部还是党员，无论是群众中的高级知识分子还是文化程度较低的民众，都可以在互联网终端的各种展现形式中汲取党的宣传营养。

（3）宣传时间的全覆盖，依靠互联网强大的渗透性，党的宣传工作自然也可以随时随地影响到人们日常工作生活。

4. 宣传效果的变革

传统宣传方式和手段由于受宣传载体的限制在内容上比较单一，趣味性低，宣传效果也大打折扣。依托互联网平台及其各项衍生品而开展的宣传工作，以宣传报道的成效为舆论宣传工作的第一目标，增强吸引力和感染力，让群众爱听爱看、产生共鸣。互联网及其衍生品空间大、内容丰富且形式多样，能够区分不同的对象喜好，较好地解决“宣传什么、何时宣传、怎么宣传、谁来宣传”的问题，分门别类、突出主题，因势利导，可以大大增强党员群众的接受度和满意度，并通过即时互动交流平台以提升舆论宣传的质量和效果。

三、“互联网+”基层党组织舆论宣传工作的路径

“互联网+”基层党组织舆论宣传工作的推广使用是基层党组织自身建设的一次转型升级，也是基层党组织提高舆论宣传工作能力和水平的一次重要契机。

互联网时代的信息传播方式多种多样，据不完全统计，至少包含有博客、微博、微信、搜索引擎、电子邮箱、网站、网络杂志、网络报纸、移动多媒体（包括手机短信、手机彩信、手机游戏、手机电视、手机电台、手机报纸等），还有数字电视、直播卫星电视、移动电视、网络电视、楼宇视频、虚拟社区等以网络化、数字化为运行基础的新型方式，许多事业单位、大型企业等还拥有自己的内部办公系统 OA。

互联网时代的新媒体中，任何人都可以通过新载体在任何时间、任何地点，以任何媒介信息表达形式传递任何信息。在保持党的思想理论在内容上的优势基础上，只要党顺应互联网发展规律，就能够促进党的思想理论和意识形态工作发展。我们党始终把思想建设放在党的建设第一位，强调“革命理想高于天”，就是精神变物质、物质变精神的辩证法。我们必须毫不放松理想信念教育、思想道德建设、意识形态工作，大力培育和弘扬社会主义核心价值观，用富有时代气息的中国精神凝聚中国力量。基层党组织对利用互联网加强党的宣传工作进行了探索和实践，但尚未形成成熟的对互联网的利用和管控机制，总结其经验可以看出，基层党组织利用互联网进行宣传工作时还需要从以下方面进行改进和提升：

（一）寓宣传于服务，确立执政为民的工作理念

权力属于谁、为谁服务的问题，始终是阶级和政党为了实现自己的奋斗目标和历史使命，在理论和实践上进行探索的核心问题。人民是历史的创造者，是社会的主体，党的宣传工作也应当围绕全心全意为人民服务的宗旨。基层党组织在发挥作用过程中，需要注意两个问题：①在日常生活中坚持全心全意为人民服务的宗旨，赢得人民群众的信任，这样才能够提升党的公信力，为党的宣传工作打下良好的群众基础；②在互联网宣传中，也应当秉持一切为了人民、一切依靠人民的群众观点和群众路线，宣传的内容要具有理论性，同时也要贴近人民群众生活，向人民解释清楚中国共产党所做的一切都是实实在在为人民谋利益的，这样人民群众才能够自觉地跟党走。

（二）结合时代特色和受众特点，丰富宣传内容

互联网只是信息传播的一个平台，起根本作用的还是宣传内容本身。党的宣传内容也

需要与时俱进，不断扩大读者群，锁定大众心理的兴奋点，并且结合自身理论宣传的特点，从内容、形式、报道角度和版面设计等方面考虑受众的需求，在潜移默化中实现党对受众思想的引导。

1. 满足不同受众的需求

党的宣传工作需要充分满足不同受众的需求。理论宣传工作应当不仅兼顾理论的思想性、科学性、客观性和权威性等方面，还要注重增强宣传的针对性、实用性、知识性和艺术性。为了达到这一目标，党的宣传工作需要从提高党员和群众对党组织的满意度出发，以满足他们的需求和期待为核心。

针对不同受众群体，党的宣传工作应该因地制宜，采取多样化的宣传手段和形式。对于年轻人群体，可以利用流行的社交媒体平台和短视频等方式，结合有趣、互动的内容形式，吸引他们的注意力并传递党的理论知识和价值观。对于农村地区的受众，可以采用图文并茂的宣传资料、宣传车辆等方式，直观生动地向他们传达党的政策和发展成就。对于知识分子和专业人士，可以通过学术讲座、研讨会和专题报告等形式，深入浅出地解读党的理论和决策。

此外，党的宣传工作还应注重实际效果的评估和反馈机制的建立。通过定期的调研、问卷调查和听取意见建议，了解受众对宣传内容和形式的反应，及时调整宣传策略和改进工作。同时，党的宣传工作需要积极借鉴先进的市场营销手段和传播技术，利用数据分析和用户画像等工具，深入了解受众的兴趣、需求和心理，精准推送信息，提高宣传的针对性和吸引力。

在实施宣传工作时，应注重培养一支专业化、高素质的宣传队伍。通过加强培训和学习，提高宣传干部和工作者的综合素质和专业水平，使他们具备较强的理论素养、良好的沟通能力和创新意识，能够更好地传递党的声音，增强宣传工作的力度和影响力。

综上所述，党的宣传工作需要充分满足不同受众的需求，注重宣传效果的实际效果，多考虑受众的感受。通过提高党员和群众对党组织的满意度，党的宣传工作能够更好地引导受众思想，增强党组织的凝聚力和影响力。在实施宣传工作时，需要采取多样化的宣传手段和形式，因地制宜地传递党的理论知识和价值观。同时，注重评估和反馈机制的建立，积极借鉴市场营销手段和传播技术，精准推送信息，提高宣传的针对性和吸引力。加强宣传队伍的培养，培养专业化、高素质的宣传干部和工作者，能够更好地传递党的声音，提升宣传工作的质量和效果。

2. 树立起价值判断体系

在新闻泛滥的信息时代，党组织在利用互联网进行宣传工作时需要树立起自己的价值判断体系。这是因为任何信息的传播都不可避免地与意识形态和价值观念相关联，而党的宣传工作作为一种塑造舆论、引导思想的重要手段，应当意识到其中存在的意识形态倾向和价值判断，以确保宣传工作的客观性、公正性和科学性。

（1）党组织在宣传工作中应秉持客观公正的原则。尽管宣传工作的目的是传递党的理论和政策，但也应避免过度渲染个别观点或立场，而是要以事实为基础，提供全面、准确、客观的信息。宣传内容应当充分考虑不同观点的存在，尊重多元化的声音，并鼓励公众进行独立思考和辩论。

（2）党组织在宣传工作中应重视权威性和科学性。宣传内容应基于权威的理论基础和可靠的事实依据，避免夸大或歪曲事实，确保信息的真实性和可信度。党组织应积极引导受众进行科学思维和批判性思考，鼓励他们从多个角度获取信息、分析问题，并形成自己的判断和意见。

（3）党组织在宣传工作中应关注价值引导和社会责任。宣传内容应积极传递正能量，弘扬社会主义核心价值观，引导公众树立正确的道德观、价值观和行为规范。宣传工作应关注社会问题、民生需求，关心弱势群体的权益，促进社会公平正义，推动社会进步和民主发展。

此外，党组织在宣传工作中也需要注重自我反思和监督机制的建立。通过建立严格的评估和监督机制，定期审查宣传内容和形式，确保宣传工作符合党的宣传方针和政策，避免任何意识形态偏颇或不当的宣传行为。

总之，党组织在利用互联网进行宣传工作时，应树立起自己的价值判断体系，注重客观公正、权威科学、价值引导和社会责任，以确保宣传工作的质量和效果。通过客观公正的宣传内容，准确权威的信息传递，引导受众形成正确的价值观和世界观，推动社会和谐稳定地发展。党组织的价值判断体系应该以人民利益为出发点，体现党的理论、党的宗旨和党的路线方针政策的一贯性，以更好地实现党对受众思想的引导，为党的事业发展提供坚实的思想基础。

（三）基层党员领导干部注重个人形象，言传身教

1. 注重形象

互联网时代的到来确实放大了个人行为的影响力，将个人行为置于公共空间的广泛监视之下。特别是对基层党员领导干部来说，他们更是处于群众监督的第一线，因此需要更加重视自身素质和个人言行，以充分体现党员干部的责任和形象。

（1）基层党员领导干部应不断提高自身素质，包括思想道德素质、专业知识水平和工作能力等方面。他们要时刻保持良好的品德修养，具备高尚的道德情操，注重自我修炼，

做到以身作则，成为身体力行的表率。

（2）基层党员领导干部必须遵守法律法规，按照党规党纪的要求行事。他们应该自觉遵守国家法律和党内纪律，严守政治纪律、组织纪律、廉洁纪律等各项规定，严禁利用职务之便谋取私利，始终保持清正廉洁的作风。

（3）基层党员领导干部需要接受人民群众的监督。他们作为党的代表和群众的代言人，必须时刻保持对群众利益的高度敏感性，倾听民意，回应民众关切，积极解决问题，真正代表和服务好人民群众的利益。

基层党员领导干部的言谈举止具有示范作用，能够对下级干部和群众起到榜样的作用。因此，他们应注重自己在互联网上的形象和言论，避免在社交媒体平台上发布不当言论或泄露内部信息，以免给党和组织带来负面影响。在网络传播时代，党员要时刻记得自己的身份和职责，不忘党员身份，不言过度，不出错位，做到言行一致，保持党员的形象和威信。

总之，互联网时代对基层党员领导干部提出了更高的要求。他们应提高自身素质，遵守法律法规，按照党规党纪的要求行事，接受人民群众的监督。同时，他们还应注意自己在微信、微博等网络平台上的言论，避免在群众中造成恶劣的影响。通过做好个人修养、规范自身行为和言辞，基层党员领导干部能够更好地展示党员的模范形象，树立正确的价值观和行为准则，为全体党员树立榜样，同时也增强党组织在群众中的认可度和影响力。

2. 言传身教

在互联网时代，每个人都拥有了自己的“麦克风”，可以通过社交媒体、微博、微信等平台传播自己的声音和观点。基层党员领导干部也应当拿起自己的“麦克风”，利用互联网进行宣传和教育工作，以更加广泛的方式与社会进行对话和交流。

党的政治影响力需要通过适当的方式体现出来。基层党员领导干部可以利用互联网平台开展政策解读、党建经验分享、重大决策的解释等宣传工作，向社会传递党组织的声音和意见。通过在互联网上发布有关党的方针政策的解读文章、发表演讲视频、举办在线座谈会等方式，让更多的人了解党的工作和理念，增加党的政治影响力和公信力。

在常态的政治生活中，基层党员领导干部应以平等、开放、互动、亲民的姿态与社会对话。通过与网民互动，回答他们的问题和关注点，解释政策，解决问题，及时回应民意，积极倾听人民群众的呼声，真实反映人民的愿望和诉求。同时，可以通过建立党员干部微信群、微博账号等方式，开展线上交流和互动，接收来自社会的意见和建议，促进政府与民众之间的沟通和互动。

在拿起“麦克风”进行宣传和教育工作的同时，基层党员领导干部也需要保持高度的责任感和专业水平。在互联网上发布信息和观点时，要注重信息的准确性和权威性，避免散播虚假信息和谣言。同时，要充分了解互联网传播的特点和规律，注重语言表达的准确性和易懂性，以便更好地与受众沟通和交流。

总之，在互联网时代，基层党员领导干部应当拿起自己的“麦克风”，利用互联网平台进行宣传和教育工作，以平等、开放、互动、亲民的姿态与社会对话，增强党的政治影响力和公信力。通过适当的方式体现党组织的声音，更好地与社会各界进行互动和交流，传递正确的信息和观点，促进党的方针政策的理解和支持。同时，基层党员领导干部需要保持高度的责任感和专业水平，确保发布的信息准确可靠，避免传播虚假信息和谣言。通过积极担当宣传教育工作的角色，基层党员领导干部能够有效提升党的形象和声誉，加强与人民群众的联系和沟通，推动党的事业发展和社会进步。

（四）参与式动员，让群众在参与中接受宣传教育

社会动员是政治学中一个重要的概念，指的是通过宣传、教育和引导等手段，调动社会各界的积极性和力量，使其团结奋斗，共同追求共同目标。在中国共产党推进现代化过程中，社会动员是一种重要的手段和策略，用以凝聚和引导群众的力量，实现党的事业发展和社会进步。

党组织通过社会动员，培育群众的主体意识，使其成为社会发展的积极参与者和推动者。通过宣传工作，向群众传递党的方针政策、理论知识和价值观，提高群众的政治觉悟和认同感，激发群众的创造力和积极性。同时，通过教育和引导，让群众了解自身权益和利益，掌握参与决策和改革的知识和技能，增强自身的发展能力和竞争力。

互联网的普及和发展为社会动员提供了更广泛和便捷的平台。不同阶层和利益群体的意见和建议可以通过网络这种低成本的方式进行交流和沟通。通过开展网络调查、在线讨论，微博、微信等社交媒体的使用，党组织可以更好地了解群众的需求和诉求，及时回应和解决问题，与群众建立更加紧密的联系和互动。

社会动员的参与实际上为群众提供了表达的平台，使他们的声音被充分听到和重视。同时，也为党组织向群众“做工作”提供了平台，通过与群众的互动和沟通，能够更好地传达党的政策、宣传党的理论，引导群众的思想，增强党组织对群众的影响力和凝聚力，实现团结奋斗、跟党走的目标。

总而言之，社会动员是中国共产党在推进现代化过程中所依赖的一个重要手段。通过宣传、教育和引导等方式，实现对群众的宣传、教育和引导，调动社会各界的积极性和力量，使其团结奋斗，共同追求共同目标。在互联网时代，党组织可以借助网络平台和社交

媒体的力量，更加广泛地开展社会动员工作，提高党的宣传工作的针对性和有效性，进一步凝聚和引导群众的力量，推动党的事业发展和社会进步。

（五）利用科技优势，与时俱进创新工作方式方法

科技的快速发展为基层党组织的宣传工作提供了丰富的机遇和挑战。

一方面，基层党组织可以利用已有的科技成果，如互联网、社交媒体、移动应用等，来进行宣传工作。通过建立党组织的官方网站、微信公众号、移动应用等，可以实现信息的快速传递和广泛覆盖，吸引更多的受众关注和参与。同时，可以借助多媒体技术、虚拟现实等手段，丰富宣传形式，增强信息的吸引力和互动性。

另一方面，基层党组织仍然需要对科学技术的发展保持敏感，随时掌握最新的信息传播手段和技术应用。科技的进步日新月异，新的信息传播平台和工具不断涌现，基层党组织需要保持敏锐的洞察力和学习能力，及时调整和更新宣传策略，以适应时代的变化和受众的需求。例如，利用人工智能、大数据分析等技术，深入了解受众的兴趣和需求，实现个性化的宣传推送，提高宣传的针对性和精准度。

基层党组织要认识到实践发展、认识真理、理论创新都是永无止境的。党和人民的实践是不断前进的，理论也需要与时俱进，不断与实践相结合，不断创新和发展。在宣传工作中，基层党组织要紧跟时代发展潮流，不断创新对互联网的使用方式。这包括关注新兴的社交媒体平台和应用，抓住信息传播的新趋势和方式，善于利用网络舆论和网络思维，以更加有吸引力和影响力的方式传递党的理论和政策。

总之，基层党组织在宣传工作中既要善于利用已有的科技成果，又要保持对科学技术发展的敏感性，随时掌握最新的信息传播手段和技术应用。同时，要不断创新和发展，跟随时代发展潮流，灵活运用互联网和新媒体手段，实现党的宣传工作的更高质量和更广泛影响。只有不断跟进科技发展，创新宣传方式，基层党组织才能更好地适应信息化时代的需求，实现党的宣传工作的目标和效果。

第三节　“互联网+”视域下基层党组织的教育培训工作

新时期，要创新党的基层组织教育培训工作的方式方法，必须坚持互联网与党的基层组织教育培训的深度融合，注重提升教育培训的效果。

一、基层党组织的教育培训工作及其转型

理论是行动的先导，只有理论上搞清楚了，行动才能有正确的方向。我们党历来高度重视思想建设，并通过各种方式来加强对党员的教育培训，积累了许多宝贵的经验。

（一）基层党组织的教育培训工作概要

为了更好地把握党的基层组织教育培训的基本理论，我们着重从以下方面进行解析：

1. 基层党组织教育培训工作的重要地位

（1）有助于提高党员的思想政治素质。理想信念是共产党人精神上的“钙”，理想信念动摇，就会得“软骨病”。在党的基层组织教育培训工作中，通过对广大党员进行中国特色社会主义理论体系教育以及党的理想信念教育，引导他们坚持党的基本路线不动摇，坚定理想信念不动摇，牢固树立马克思主义世界观、人生观和价值观，增强政治意识、执政意识和大局意识，弘扬党的优良传统作风。无论面对怎样严峻的考验，决不动摇自己共产主义的理想信念；无论从事什么样的职业，都自觉遵守党的章程，努力做中国特色社会主义共同理想和共产主义远大理想的坚定信仰者和忠诚实践者。

（2）有助于提升党员推动发展、服务群众的能力。基层是我们推动发展的原动力，是联系群众最紧密的堡垒，因此，基层党员的能力素质至关重要。在基层党员教育培训工作中，要大力宣传党的路线方针政策，引导党员联系实际、学以致用，把增强党性与提高能力统一起来，努力提升党员参与经济建设和社会建设的能力。要紧密围绕贯彻落实国家的重大战略部署和中心工作，不断更新知识结构、拓宽知识层面，提高理论层次，着力提高党员自身才能。要在自己的工作岗位上开拓创新，把为民服务作为工作的主旨，力求贡献更大，成果更多，效率更高，服务更好，努力做出更加优异的成绩。

（3）有利于发挥党员先锋模范作用。中国共产党是在马克思主义理论指导下建立起来的政党，先进性是最本质的特质。作为党组织的细胞，党员是党组织联系群众的纽带，是加强党的建设的骨干力量，是党的路线方针政策的贯彻落实者，也是推动中国特色社会主义事业和现代化建设的生力军。在基层党员培训工作中，通过专题讲座及先进典型示范，教育广大党员坚定为党的事业奉献，在关键时刻要挺身而出，为了党和人民的利益不惜牺牲自己的利益。通过重温党的奋斗史，明确我们党的发展历程，汲取为人民服务的精神动力，始终保持先进性和纯洁性。

2. 基层党组织教育培训工作的基本原则

新时期党的基层组织教育培训工作要坚持党的指导思想，明确工作的基本原则，抓住

教育培训的对象，增强教育培训的针对性，提升教育培训的效果。党的教育培训工作应坚持的原则，具体如下：

（1）坚持围绕中心、服务大局。紧紧围绕“四个全面”战略布局，把党性教育培训作为首要任务，将理想信念教育和能力建设贯穿始终，坚持事业发展需要什么就培训什么，切实增强广大党员贯彻落实中央部署的自觉性和坚定性。

（2）坚持问题导向、学以致用。大力弘扬理论联系实际的马克思主义学风，针对理论和实践中的重点、难点、热点问题开展培训，引导党员学以致用、用以促学、学用相长，不断提高解决实际问题、做好本职工作的能力。

（3）坚持按需施教、分类指导。把组织需求、岗位需要和党员需求有机结合起来，作为制订教育培训计划的重要依据；坚持集中培训与经常性教育培训并重，根据不同类别、不同层次、不同岗位党员特点，分层分类开展教育培训，使教育培训更加贴近培训对象的实际。

（4）坚持基层为主、整体联动。充分发挥基层党组织在党员教育培训中的主体作用，尊重基层首创精神，加强统筹，整合资源，重心下移，推动优质培训资源向基层倾斜。

（5）坚持改革创新、注重实效。主动适应新形势新任务新要求，不断创新党员教育培训理念、内容、形式和方法，全面推进培训模式、师资队伍、体制机制等各方面改革，及时总结推广成功经验，不断提高党员教育培训的科学化水平。

3. 基层党组织教育培训工作的主要对象

基层党组织教育培训应当根据基层党组织所属类别，针对基层党组织的干部、党员和发展对象进行差异化培训。

（1）基层党务干部。围绕本地区、本单位、本部门的发展大局，以增强素质、提高能力为目标，重点开展理想信念、党规党纪、群众工作方法、突发事件应对、岗位技能等教育培训，提高基层党务干部的综合素质，为基层党组织的健康发展及核心业务的积极推进提供人才支撑。

（2）农村党员。围绕增强党员意识、发展现代农业、壮大集体经济、提高守法用法和民主管理能力、维护农村稳定等方面，通过远程教育培训站点集中学习、平台交流、示范引导、菜单式点学等多种形式开展教育培训。

（3）非公有制经济组织和社会组织党员。围绕依法生产经营、维护各方合法权益、促进企业健康发展开展培训，特别要加强对党员出资人和负责人的教育培训，重点围绕遵守党规党纪、执行党的决议、自觉履行党员义务、服从党组织的教育培训管理和监督开展培训；对社会组织党员，重点围绕坚持正确政治方向、增强社会责任、服务社会、团结凝聚群众开展培训。

（4）新党员及发展对象。重点开展党的基本理论、基本知识、党的历史、党的路线方针政策教育培训，以及马克思主义世界观、人生观、价值观教育培训和法治教育培训、社会主义核心价值观教育培训、党性党风党纪教育培训。

（5）流动党员。灵活机动地开展党的基本知识、政策法规、生产经营技能、业务能力教育培训。各级党组织要按照“一方隶属、多重管理”模式，实行流入地为主、流出地配合的联动培训方式，由流入地党组织负责流动党员的日常培训，流出地党组织负责流动党员跟踪培训和返乡后的培训。

（6）重点行业党员。全面加强街道社区、党政机关、国有企业、高等学校等重点行业领域党员的教育培训。对街道社区党员，要以服务群众为中心，把握城乡统筹一体化发展后的社区新变化，在做好“社区党建”“楼宇党建”方面加强培训；对党政机关党员，要以严肃党内政治生活、树立良好作风形象为中心，从坚定理想信念、保持政治立场、增强廉政意识、提升履职能力等方面加强培训；对国有企业党员，要以坚定政治方向、提升发展能力为中心，从解决党建与经济效益“两张皮”问题入手开展培训教育；对高等学校党员，要以思想政治教育为中心，在提升学生综合素质、加强党性修养，争做中国特色社会主义合格建设者方面加强培训。

4. 基层党组织教育培训工作的基本内容

（1）坚持把党的理论教育培训贯穿党员教育培训全过程。思想是行动的先导，只有思想上深刻把握了马克思主义的基本方法，才能在实际工作中学会运用。要教育培训党员学以致用，自觉用贯穿其中的立场、观点、方法武装头脑、指导实践、推动工作。利用党的丰富红色资源开展革命传统教育培训，引导党员始终坚定理想信念，坚守共产党人的精神追求，坚定中国特色社会主义道路自信、理论自信、制度自信、文化自信。

（2）加强党章党史和党性党风党纪教育培训。全面开展党章和党的基本知识、党史国史、党的优良传统和作风教育培训，引导党员坚持党的基本理论、基本路线、基本纲领、基本经验、基本要求，不断强化党员意识，始终做到在党言党、在党忧党、在党为党、在党护党。加强党的宗旨和党的群众路线教育培训，巩固扩大党的群众路线教育实践活动成果，长期扎实开展“走基层、解难题、办实事、惠民生”活动，引导党员牢固树立全心全意为人民服务宗旨，提高做好新形势下群众工作的能力。加强党的纪律、廉洁自律和警示教育培训，自觉讲政治、守纪律、守规矩，切实做到为民务实清廉。

（3）加强法治意识和宪法法律教育培训。引导党员坚决维护宪法法律权威，捍卫宪法法律尊严，保证宪法法律实施，始终对法律怀有敬畏之心，牢记法律红线，坚守法律底线。广泛开展与党员群众生产生活密切相关的法律法规知识培训，增强党员依法办事能力，使广大党员成为法治的忠实崇尚者、自觉遵守者、坚定捍卫者，努力把党的政治优势和组织优势转化为基层治理优势，带动全社会形成良好法治环境。

（4）加强社会主义核心价值观教育培训。党员是构成党的肌体的细胞，党员的思想健康了，党就充满了生机活力。因此，要教育引导党员坚定理想信念、以身作则，带头弘扬主流价值观，带头践行家庭美德、职业道德、社会公德，自觉提升个人品德，认真弘扬中华民族传统文化和党的优良作风，在实际的工作岗位上充分发挥先锋模范带头作用。

（5）加强业务知识和职业技能教育培训。围绕“四个全面”战略布局，结合党员履行岗位职责需要，有针对性地开展经济、政治、文化、社会、生态文明和哲学、历史、科技、法律等方面知识的培训，特别是行业岗位新知识新技能培训，帮助党员更新知识储备、优化知识结构、提升综合素质和履职能力。

5. 基层党组织教育培训工作的方式方法

（1）实施分层分类教育培训，推进党员教育培训工作全覆盖。各级党组织按照“省示范培训、市重点培训、县乡普遍培训”的原则，分层分类抓好党员教育培训工作，使各行各业、各个类别的所有党员都受到党组织的教育培训，切实做到哪里有党员、党员教育培训就跟进服务到哪里，确保党员教育培训工作全覆盖。

（2）推进信息化建设，提高教育培训现代化水平。充分利用信息网络技术开展党员教育培训，做好现代远程教育培训优化升级，加快建设党员教育培训综合信息服务平台，大力推进党员在线学习教育培训，鼓励各级党组织开办党员教育培训 QQ 群、博客、微信群，构建人人皆学、时时可学、处处能学的党员网络教育培训新格局。继续发挥好报刊、广播电视的作用，实现全媒体覆盖。

（3）创新教育培训手段，增强教育培训的针对性、实效性。通过集中教育培训、脱产培训、集体学习、自主选学、个人自学等方式，运用专题辅导、报告会、案例分析、现场观摩、现身说法、交流研讨、结对帮学等方法开展教育培训。加强示范带动，承担党员教育培训工作的部门要研究确定重点项目、对象和专题，办好示范培训班，指导和推动培训工作。各级党组织要结合实际开展主题党日教育培训，确定特色鲜明的党日主题，组织党员开展学习培训和实践活动；要加强典型教育培训，建立基层党组织和共产党员先进典型库，运用近年来发生的重大违纪违法案例，发挥先进典型的示范引领作用和反面典型的教育警示作用。推行党员领导干部讲党课，各级党委组织部门要组织党员领导干部和基层党组织负责同志讲党课，围绕党员普遍关注的热点、难点、疑点问题解疑释惑。开设“流动课堂”，各级党组织要组织师资力量深入农村、社区、机关、企业、学校流动办学、送教上门，增强教育培训的吸引力、感染力。

6. 基层党组织教育培训工作的机制创新

（1）建立健全党员教育培训基本制度。坚持和完善“三会一课”、党员党性定期分析、民主评议党员等制度。各级党组织要根据中央、省委重大决策部署和本地、本部门中心工作，健全党员集中轮训制度，每年就党员集中轮训工作做出安排，分类别、分专题组织实施；建立党员教育培训调训制度，对不同层次、不同类别、不同岗位的党员调训做出规定，推进示范培训的制度化、规范化。普遍推行农村党员春训、冬训制度。

（2）建立党员教育培训学时制度。各级党组织要建立统一规范、统一标准的党员教育培训学时制度，推行培训考勤、学时登记。

（3）建立党员教育培训考核评价制度。将党员教育培训工作纳入基层党建年度考核，明确各级党组织书记是第一责任人。建立完善个人述学制度，党员定期向所在党组织报告参加教育培训、学用结合等情况；建立完善群众考学制度，在一定范围对党员的理论水平、学习风气和实际应用能力进行民主评议和测评；建立完善组织评学制度，全面考核党员的学习态度和表现、掌握运用理论和知识、党性修养和作风养成等情况。强化考评结果运用，将考评结果记入个人档案，作为党组织和党员评先选优的重要依据。

（4）建立党员教育培训经费保障制度。各级党委要严格落实留存的党费主要用于党员教育培训的要求，留存党费中用于党员教育培训的原则上不得低于年度使用总数的50%。各地要把党员教育培训经费列入本级财政预算，由同级党委组织部门统筹安排使用；县级财政要统筹安排一定的资金保障远程教育培训站点设备更新换代与日常运行维护。机关、事业单位、国有企业党员教育培训经费要列入本单位年度预算；非公有制经济组织和社会组织党员教育培训经费，要通过税前列支、党费拨返、党员自愿捐助等途径解决。要注重对革命老区、民族地区、贫困地区党员教育培训经费的支持。

（二）基层党组织教育培训工作的转型

随着经济社会的发展，尤其是互联网技术的日益更新，传统的基层党组织教育培训不论是在思维上、内容上还是在方式方法上都面临着巨大的挑战，具体而言主要表现在以下方面：

1. 转变培训思维

在大规模培训推进中，鉴于基层党组织日常工作头绪多、人员少的现状，对每次培训的评估更多局限于多少人参加了培训、搞了多少次培训，而缺乏跟踪问效，培训效果往往不佳。为把对基层党组织的教育培训转化为转型发展的动力，要解决好优化培训效果的问题。

（1）进一步建立完善对基层党组织教育培训后定期联系和反馈制度，把对实现转型跨越发展的贡献作为衡量培训投资性价比的一项重要内容，通过年度跟踪回访、座谈交流、问卷调查等形式，动态了解培训成果推广运用情况，逐步拓展和延伸培训范围。

（2）通过建立基层党组织教育培训评估体系，积极在基层党组织中开展培训需求调查研究，及时掌握每个培训课程的授课质量、听课效果以及后续成果的转化，避免“运动式”“任务式”培训，切实增强培训的实效性。

2. 转变培训模式

一些基层党委教育培训工作开展得很活跃，培训覆盖面也很广泛。但是，这些培训大多是各自组织，培训内容重复多、培训投入耗费大、共性有余而个性不足，既造成资源的浪费，又不利于干部教育培训内外资源的整合优化。针对这些弊端，要在以下两个统筹上下功夫：

（1）合理统筹基层党组织教育培训内容、培训需求与组织要求，把基层党组织的普遍要求与专题重点结合起来，把全员覆盖与个体需求结合起来，把示范试点与全员联动结合起来，按照“统一规划、分级组织、分类实施”的原则，对基层党组织分类定纲，分段施训，突出“短、平、快”，打造符合基层党组织学习现状的培训课程，突出分区化合理对接，打造组织书记班、骨干精英班、党员轮训班，突出加强能力培训，科学设置相应培训内容，打造精品主题示范班。

（2）合理统筹教育培训，进行资源整合，实行按照发展需要选题，选取成功范例学习，交流讨论形成课题，带着课题成果培训，训后实践检验总结，着力打造“精英自助培训”这一平台，实施送教下基层“资源共享”的创新项目，通过自助自学，互助提高，充分激发学员自主学习的热情、踏实干事的激情、争先创优的豪情。

3. 转变培训方式

传统的课堂灌输式教学中存在理论与实际结合不紧密，培训内容的针对性、时代性、实践性和指导性不强的问题，使得培训需求增大、渴望培训与培训平台不够宽广、培训承载渠道有限之间的矛盾成为基层党组织教育培训的软肋。培训方式转型已经势在必行。要围绕“沉下去、选进来、共探讨、同活动”开展基层党组织教育培训。

“沉下去”就是按照基层党员干部学习教育培训的特点，用好远程教育培训、政府网站、“走出去”“请进来”等形式，以乡镇、村、社区、企业的党员活动室为阵地，把培训课堂搬到基层党员之家。

“选进来”就是把大规模轮训与精英外训选拔结合起来，实行“绩优者优训”，对参学热情高、学用结合好、工作实绩突出的基层党组织成员，选派到名校接受短期再造，进一步开阔思路，实现工作实践与理论的结合提升，逐步成长为“精英自助培训”的培训讲师。

“共探讨”主要是开办“基层党组织论坛”，通过自由讨论，使党员干部的培训主题更为突出，讲解、点评更到位，针对性更强，培训更具实效。

“同活动”是定期开展“五个一”活动：精选一个发展专题，组建一支送教队伍，开展一轮精英培训，掀起一场头脑风暴，举办一期主题论坛。

二、“互联网+”基层党组织教育培训工作及变革

新时期“互联网+”的发展势头正猛，给党的基层组织教育培训工作带来的挑战也是显而易见的。如何变压力为动力，关键是要因势利导，从理论与实践两个层面来推动互联网与党的基层组织教育培训的深度融合。

（一）“互联网+”基层党组织教育培训工作的特点

互联网已经以迅猛的速度席卷包括教育培训在内的所有领域，而传统的基层党组织的教育培训模式不论是在思维方面还是在技术操作层面，都面临着挑战。信息技术的低门槛促使“互联网+”与教育培训工作得以深度融合，从思维方式到工作模式都发生了深刻的变革。当前，部分地区在“互联网+教育培训”的实践探索中已经积累了丰富的经验，比如，手机课堂、慕课、微课、弹幕教学、轻应用平台等新的教育培训方式的使用，丰富了教育培训内容，拓展了教育培训领域。“互联网+”时代，教育培训个体化、动态化和数据化特点更加明显。

1. 个体化

互联网时代的“个体”得到解放，知识呈扁平化，任何人都可以根据个人喜好，不受时间和空间的限制获取信息和知识。基层党组织在开展教育培训的过程中，要针对这种变化，运用数据挖掘技术全面跟踪和掌握党员特别是年轻党员的特点、学习行为、学习过程，并据此调整教学内容、方法等，进行有针对性的教学，提高学习质量和学习效率，实现真正的“因材施教”。

2. 动态化

网络教育培训突破了时空的限制，具体如下：

（1）“随时”教育，对于党的信息的传达，党员之间的互动都可以通过技术手段在任意的时间内达成。

（2）“随地”教育，党员教育培训可以通过微博、微信、论坛、党建平台、内外网、视频照片分享网站等实现异地实时互动。

（3）“随势”教育，即根据不同地区不同党员的知识结构、年龄性别比例等，组织不同的教育内容，采取不同的教育方式，比如，创建党建平台、党建 APP 等。

3. 数据化

在未来，学习绝不会是按照一本给定的教科书、一门科目或课程，以同样的顺序和步调进行，而将是有数千种不同的组合方式。教师不再需要凭借主观判断选择最适合教学的书籍，大数据分析将指引他们选出最有效、支持进一步完善和私人定制的教材。大数据时代的信息作为一种资源的门槛已经大大降低，在云计算技术的支撑下，获取教学所需的精确数据分析已不再是难事，这更加有助于实现教育培训的因材施教，提升教育培训的效果。

（二）“互联网+”基层党组织教育培训工作的变革

1. 教育培训理念

“互联网+”不仅仅是一种技术手段，更是一种思维，一种强调互联互动互通和以用户为中心的思维方式。在此技术理念指导下，教育培训工作也要转变思维方式，把教育培训对象作为主体，充分发挥他们学习的自主性和能动性，进一步深化以人为本、以学员为中心、以需求为导向、情境教学、探究性学习、协作学习等理念并落到实处。

2. 教育培训环境与平台

“互联网+”为教育培训工作提供了多媒体技术、虚拟现实技术等，可通过构建模拟情境，让学员在参与虚拟世界的各种活动中提升素质。

教育培训工作在新的时代条件下不再只是传统的面对面授课，还可以采用“键对键”的网络授课和网络自学。当然，网上的学习代替不了面对面的交流互动，教育培训者还需不断提高自身素质，充实理论知识，尤其是党的经典著作和党史知识等，提供不同层级的内容和策略，提升培训的针对性和实效性。

3. 教育培训的方式方法

基层党组织对党员干部的培训大部分集中在中央以及各地方党校行政学院等，分期分批进行轮训、调训、集训等，时间周期较短，最长也不过一年时间。所以，党员干部的教育培训可以更多地通过主体的自主学习方式实现。“互联网+”提供的技术手段，比如，手机、微信、微博等使这种自我学习、远程学习成为可能。实践中已经创新运用多种教学方式，比如，将教学资源生成二维码，学员只需扫描一下就可各自阅读；录制“微视频”，远程发给学员进行学习；采取弹幕教学，学员可通过平板电脑或手机，随时发表疑问、提出看法；使用 APP 组织互动教学等。新的教育培训方式的应用可以充分利用培训对象碎片化的时间，不仅提升了学员学习的兴趣，也提升了教育培训的效果。

4. 教育培训资源

传统的教育培训多是分散的，各地区各部门都是各自为政，这就造成教育培训资源重复浪费现象或“想学的学不着、学着的不想学”的困境。互联网为实现基层党组织教育培训资源的整合与共享提供了工具与平台。

（1）整合全国党校系统的优质资源，搭建共建共享平台；同时各地区党校也要积极开发本地区的特色优势资源，丰富平台内容，增强吸引力。

（2）整合各高校的优势资源，尤其是专业理论知识的讲授，把知名专家的课程视频引入共享平台，拓宽培训对象的知识视野。

（3）整合各地方政府的优势资源，尤其是政策性的文件以及相关的政务、党务公开内容，均可以成为培训对象学习的重要内容。

5. 教育培训评价

传统的评价机制往往局限于定性考核的方式，或者是通过培训对象的统一考试，或者让培训对象对教育培训者进行打分。这些评价方法都比较单一，没有考虑其中各因素的相关程度，如年龄、岗位、级别等对培训效果的影响。在“互联网+”时代，教育培训的方式为我们提供了关于教育培训对象学习情况的大量数据，这些数据可以通过为每位培训对象建立电子档案，对培训对象的学习效果进行跟踪分析，然后对收集到的数据进行汇总分析，根据不同层级不同部门不同地区的教育培训对象的差异性，有针对性地解决教育培训过程中的问题，进而改良教学。大数据使传统的教育培训评价体系更加客观公正，且完整到位，实现了动态的连贯性，也充分体现了培训对象的主体性。

此外“互联网+”降低了教育培训管理的成本，节省了大量的人力物力财力，给整个基层党组织的教育培训带来了生机活力。当然，我们也需要警醒，新的技术手段的应用也势必会带来各种困难和挑战。对教育培训者来说，如何正确、熟练掌握互联网的相关技术并且进行课程的研发、教学的安排、课堂的设计等现实问题是其面临的主要问题，也是下一步创新教育培训方式的重点。对教育培训对象来说，如何科学有效地利用自己的碎片化时间，真正学习相关理论课程，保持良好的工作作风和学风，也需要进一步加强自律意识。“互联网+”条件下的教育培训作为一个系统工作，其改革将是一个不断摸索的长期过程，需要各方力量共同努力。

三、“互联网+”基层党组织教育培训工作的路径

乘着“互联网+”的东风，各地党的基层组织在教育培训工作方面取得了非常大的进展，而且两者的融合还在持续深入。如何对接中央精神，在“互联网+教育培训”热度中进行“冷思考”，实现真正落地执行，这是必须认真思考的重要课题。在实践中，基层党组织要从以下三个方面推进“互联网+”基层党组织教育培训工作的改革创新：

（一）增强教育培训的系统性

“互联网+”并非基层党组织教育培训的一个点缀，它代表了一种新的培训模式，能够使培训者对数据产生正确的认识。教学质量的进一步提升、培训模式的创新，都有赖于教育培训者对有价值数据的挖掘和利用。相关教育培训部门在利用“互联网+”开展教育培训时，学习系统都会将学习者的学习情况以数据的方式存储在数据库中。学习者学习的数据时刻处于动态变化之中，呈现出复杂性、多样性和海量性等特点，但缺乏系统性。教育培训管理者，需要从错综复杂的数据中提取出潜在有用的知识和信息，寻找数据之间的强、弱关系，将数据进行模型化的分析、可视化的展现。

另外，教育培训管理者可以对有关数据进行深入的挖掘、分析，如分析数据的形成是区域性的还是普遍性的：如果具有普遍性，那么可以结合调训课程的教学计划做好此类课程的调研与备课工作，针对不同类型的学习者所关注的问题进行系统性的授课，以提升他们对教育培训工作的满意度；如果只是区域性的，那么则要把相关数据提供给该区域培训者，使其能够进行系统性的授课。

（二）增强教育培训的交互性

互联网具有跨地域、无边界、去中心化等特性，培训者可以通过互联网在线协同，突破地域、人才、经验等条件限制，边培训边协作调整，让培训模式更具特色。在教育培训过程中，教师往往有着丰富的专业知识和实践经验，学员则往往具有丰富的工作经验和实干能力，因此，两者之间要通过不断交流互动实现优势互补。另外，学习者之间的交流互动也是不容忽视的，培训者要利用现代网络技术搭建好教育培训平台，让学习者能够实时反馈、深入探讨学习过程中遇到的问题。

相关教育培训部门在利用“互联网+”开展教育培训时，要将学员之间的一些交流讨论情况按照问题类别整理成案例库，使其既可以成为培训对象的工作参考，也可以成为培训机构教师备课调研的资源库。与此同时，教育培训者还要关注到每个学习者所提的问题，

并通过学习系统相关软件整理出他们感兴趣的学习资料。由于学习者在实时反馈的交流互动中会不断地提出问题，因此，教育培训者要通过学习系统对学习资源实时进行分析与管理，从而及时满足学习者的个性化学习需求。

（三）增强教育培训的针对性

“互联网+”促进了个性化体验的创造，使培训者真正开始关注学习者的体验质量，并使学习者在潜移默化中变“要我学”为“我要学”。在实践中，基层党组织及培训部门要跳出粗放、宽泛主题下专家课程组合式的培训模式，从而使教育培训走出同质化、低效率的困境。

“互联网+教育培训”中学习者的动态学习行为是关键。学习者在互联网学习平台上的学习数据经过挖掘分析后，完全可以成为下一个学习者的学习资源。也就是说，在下一个学习者刚进入互联网学习平台时，就能够接收到学习平台智能推送的学习资源，从而不仅能够提高学习者的学习效率，而且能够解决他们在学习过程中遇到的“痛点”、难点问题。相关部门在开展“互联网+教育培训”时，要尊重个体差异，在满足学习者个性化学习需求的同时，还要实现学习者之间的互帮互助，以进一步提高学习的积极性。

综上所述，“互联网+教育培训”是一个实践性很强的领域，从目前的国内文献资料来看，有关“互联网+”基层党组织教育培训的相关研究仍处于起步阶段。基层党组织教育培训机构在开展“互联网+教育培训”时，不仅要运用“互联网+”技术，更需要运用“互联网+”理念创新教育培训模式，更多地解决培训者与学习者的“痛点”、难点问题，使其成为一个可持续的循环流动的整体。

第四节 “互联网+”视域下基层党组织的服务群众工作

人民群众是历史的创造者。党的性质决定了全心全意为人民服务的根本宗旨。随着形势的发展变化，网上群众工作成为党的群众工作的重要内容之一。

一、基层党组织的服务群众工作概要

基层党组织服务群众工作，就是基层党组织坚持马克思主义关于人民群众是历史的创造者的基本原理，从党的根本宗旨出发，宣传、引导、教育、发动和组织广大人民群众，以此来推动我国经济社会全面发展，是实现、维护和发展最广大人民群众根本利益的长期

性工作。基层党组织服务群众工作的实质，就是使党的理论、路线、方针和政策宣传让群众知晓、了解，使人民理解、接受，得到人民支持和拥护，并自觉转化为推动经济社会发展的行动。

（一）基层党组织服务群众工作的重要地位

从一定程度上讲，服务群众是基层党组织最核心的作用，关系到党与人民的血肉联系，关系到党的执政基础的稳固。

第一，基层党组织服务群众是实现党的宗旨最本质的要求。党的宗旨是全心全意为人民服务，密切联系群众是我们党最大的政治优势，脱离群众是党执政后的最大危险。党的基层组织直接面对的就是广大人民群众，要保持与人民群众的血肉联系，根植人民，造福人民，“服务”是手段、是方法，是桥梁、是纽带。基层党组织必须清醒地认识到，“服务群众”是最主要的工作任务，是实现党的宗旨最本质的要求，是党组织首要的政治责任。

第二，基层党组织服务群众是推动发展、凝聚人心、促进和谐的基础和前提。服务群众是发挥好党组织整体作用的切入点。只有服务群众作用发挥得好，才能充分调动广大人民群众加快发展的主动性、积极性、创造性，才能有效地把广大人民群众团结凝聚在党的周围，才能协调各方关系，化解各种矛盾，促进社会和谐。

第三，基层党组织服务群众是巩固党的执政基础的需要。党的执政基础在基层。夯实党的执政基础，是党长期执政的百年大计、万年基业。党执政基础的主体构成是广大人民群众。因此，只有下大力气抓好基层服务型党组织建设，着力突出“服务群众”的功能定位和价值追求，切实提升服务群众意识、强化服务能力、拓展服务功能、拓宽服务领域，才能在服务群众中不断巩固党的执政基础。

第四，基层党组织服务群众，是建设服务型马克思主义执政党的需要。加强基层服务型党组织建设、强化基层党组织服务群众功能，成为建设服务型马克思主义执政党的基础工程。

（二）基层党组织服务群众工作的基本内容

基层党组织要密切联系群众，经常了解群众对党员、党的工作的批评和意见，维护群众的正当权利和利益，做好群众的思想政治工作，教育党员和群众自觉抵制不良倾向，坚决同各种违法犯罪行为做斗争。建设基层服务型党组织，要坚持服务改革、服务发展、服务民生、服务群众、服务党员。其中，服务群众，就是自觉践行党的根本宗旨和群众路线，既认真倾听群众意见，维护群众利益，按照群众的需求和意愿提供服务，又充分运用民主协商、耐心说服和典型示范等方法教育引导群众，团结带领群众共同创造幸福美好的生活。从工作层面看，基层党组织服务群众工作的基本内容如下：

第一，尊重群众。坚持用从群众中来、到群众中去的工作方法决策重大问题，听取群众对党员和党的工作的批评意见，努力为群众创造一种知无不言、言无不尽的民主气氛，切实反映群众呼声、体现群众愿望、顾及群众感情、实现群众利益。

第二，依靠群众。相信群众，依靠群众，尊重群众的创造精神，善于同群众打成一片，向群众学习，从群众中汲取智慧和营养，总结群众创造的新鲜经验，不断挖掘和发挥群众的积极性和创造性。

第三，关心群众。保证群众的主人翁地位，对群众正当、合理的要求，能办到的要尽快办到，一时办不到的要积极创造条件争取去办到，对群众的一些不适当的要求和意见，要做耐心的教育和解释，着力维护广大人民群众的正当权利和要求。

第四，教育群众。切实加强思想政治工作，向群众宣传党的重要思想和理论，提高群众的思想政治觉悟，帮助群众学习科学文化知识和业务技术，掌握现代化建设的技能和本领。

第五，发动群众。积极向群众宣传党的路线方针政策、党的群众工作立场观点，及时解答群众关注的热点难点问题，把群众的思想统一到党的路线方针政策上来，把党的主张和决定变为群众的自觉行动。

第六，引导群众。从党的事业出发，从大局着眼，以党的政策和国家法律法规为标准，妥善处理和化解各类矛盾，协调各种关系。

（三）基层党组织服务群众工作的方式方法

基层党组织服务群众工作紧跟时代要求和中心工作，在革命、建设和改革不同的历史时期，承载着服务群众的重要任务，其工作方式方法既一脉相承又与时俱进。

1. 树牢服务群众的理念

在基层服务型党组织建设中，着力确立基层党组织服务群众的理念，具有先导性。一方面，牢固树立全心全意为人民服务的宗旨观念，坚持以人为本、执政为民的执政理念，明确服务群众是基层党组织的根本职责和主要任务；另一方面，教育引导基层党员干部牢固树立马克思主义群众观点、群众观念，把服务群众、让群众满意作为根本的价值追求。

2. 提高服务群众的能力

从基层党组织服务群众的实际需求出发，应着力加强以下能力建设：

（1）提高决策能力。在决策过程中自觉做到“深入了解民情、充分反映民意、广泛集中民智、切实珍惜民力”，充分听取群众的决策意愿，不断推进决策的科学化、民主化。为此，必须着力建立社情民意反映制度、与群众利益密切相关的重大事项的公示制度，切实防止因决策随意性损害群众利益。

（2）提高贯彻执行党的路线方针政策的能力。在党的组织体系中，基层党组织主要担负着将党的路线方针政策贯彻落实到群众中去的职责。在这个过程中提升服务群众工作水平，基层党组织必须着力培育创造性贯彻执行党的路线方针政策的能力，坚持原则的坚定性与策略的灵活性的有机统一，做到因地制宜、因时制宜，从实际出发，有的放矢地抓好政策执行。

（3）加强基层党组织带头人队伍建设。基层党组织服务群众，最终要靠人来完成。选什么人的问题，对于基层服务型党组织建设的成效影响巨大。强化基层党组织服务群众的功能发挥，重点要在基层领导班子的建设上下功夫。应着眼于选配服务型领导班子，按照服务意识好、服务作风优、服务能力硬的标准选准配强基层党组织书记。

3. 健全服务群众的制度

制度建设带有根本性、全局性、长期性、稳定性。加强基层服务型党组织建设、强化基层党组织服务群众的功能，重在制度建设。一方面，认真总结基层党组织服务群众的有益做法和经验，以此为基础切实加强制度设计、推进制度创立；另一方面，重点建立健全党员干部直接联系服务群众制度、党员干部定期深入群众走访制度、党员干部定期接访和化解信访积案制度，从制度安排上强化基层党组织做群众工作的主体责任和使命担当。

4. 建立服务群众的长效机制

基层党组织服务群众永远在路上，只有进行时，没有完成时。这需要建立一整套长效机制做保障：①建立健全服务群众工作机构；②强化基层服务型人才建设；③建立服务群众考评机制；④建立投入保障机制，特别是建立长效稳定的资金投入机制；等等。

5. 营造服务群众的环境氛围

环境影响人，也关系工作成效。基层党组织要做到更好地服务群众，切实营造一个好的环境氛围很关键。因此，提高基层党组织服务群众的整体水平，必须着眼于在环境氛围的营造上下功夫。

（1）培育服务群众的好风尚。在基层党组织、党员、干部中大力倡导密切联系群众的作风，持续强化服务群众的宗旨意识，努力培育形成“在服务群众中创先争优，在创先争优中服务群众”的工作新风尚。

（2）拓展服务群众的空间。在充分利用传统服务群众空间的基础上，结合信息技术、网络技术的发展，适当引入信息化手段服务群众，不断拓展基层党组织通过网站、微博、微信、短视频、网络直播等新渠道、新空间。

(3) 整合服务群众的资源。服务群众、做群众工作不仅是党的责任，也是政府的责任、全社会的责任。要充分发挥各级党组织的领导核心和政治核心作用，整合文化、教育、卫生、财政、交通等各方面资源，统筹协调，形成合力。要组织协调发挥好工会、共青团、妇联以及其他规范性群众组织的作用，有针对性地做好服务群众工作。

二、“互联网+”基层党组织服务群众工作及改革

中国共产党最大的政治优势是密切联系群众，执政后最大的危险是脱离群众。互联网的发展，为进一步坚持党的群众路线、提升开展基层党组织服务群众工作水平带来重要机遇。

（一）“互联网+”基层党组织服务群众工作是时代要求

随着互联网技术的迅速发展，互联网正在成为广大党员干部了解社情民意的重要渠道之一，也日益成为普通民众接收信息、利益表达与民主参与的重要渠道。如何适应新形势，做好服务群众工作成为重大而现实的课题。

第一，“互联网+”基层党组织服务群众工作是党中央对群众工作新要求下的新举措。从总体上看，党中央高度重视群众工作。以服务群众、做群众工作为主要任务，加强基层服务型党组织建设。

第二，“互联网+”基层党组织服务群众工作是互联网时代对群众工作的客观要求。互联网时代信息技术的飞速发展，客观上要求我们党必须适应时代潮流，积极主动转变思路，开辟网络时代群众工作的新方式。加强基层党组织服务群众信息化建设，充分挖掘和合理利用社会资源，最大限度地满足群众需求，提供方便、快捷、周全、优质的服务，提升服务群众工作的质量和水平。

第三，“互联网+”基层党组织服务群众工作是解决现实问题的迫切需要。面对群众利益诉求的多元化问题，需要我们及时准确掌握基层情况，积极探索基层社会治理的新模式；面对城乡发展一体化的趋势，需要我们整合面向基层的各项资源，以统筹的理念强化基层管理和服务等现实问题。结合调查研究，引入“互联网+基层党建”概念，确保基层党组织、党员的服务与群众需求“不脱钩”。

（二）“互联网+”基层党组织服务群众工作的变革

互联网是一把“双刃剑”，其特有的技术手段为基层党组织服务群众工作开辟了新领

域，创造了新机遇，也带来了新挑战，提出了新要求。

总体上看，互联网的全球性和开放性特点，打破了信息准入限制，使传统的群众工作宣传模式面临新的挑战。网络的隐蔽性和发散性特点，易引发“群体极化”效应，使党和政府的社会管理能力面临新的挑战。网络的交互性和平等性特点，消解了群众工作主体的权威性和公信力，对领导干部的素质和能力提出了新的挑战。网络空间的自由性、网民身份的虚拟性、网络文化生态的不成熟性，为负面“网言网语”留下空间，对党的群众工作开展带来新的挑战。

三、“互联网+”基层党组织服务群众工作的路径

（一）把握群众工作思想的一脉相承和与时俱进

“近年来，随着互联网的发展和普及，传播方式更加便捷，人们的视野和获取信息的渠道更加宽泛，伴随而来的是人们的思想观念、行为方式的改变，这对于新形势下的基层党组织思想政治工作带来了新的机遇和挑战。”① 所谓的“一脉相承”，就是做好群众工作思想始终坚持马克思主义的群众观点和群众立场，始终坚持我们党全心全意为人民服务的根本宗旨。所谓的“与时俱进”，就是对待马克思主义的态度。将马克思主义的群众观和群众工作思想与党的时代变化和客观形势等具体实际相结合，提出了符合当代中国实际的群众工作理论和群众工作方法。

（二）把握群众工作的“变”与“常”

所谓的“变”，就是指时代变化、客观形势变化等诸多因素的发展变化影响到群众工作方式的变化。比如，我们党积极顺应时代潮流，在不同的时代条件下运用新方式做群众工作，从口号、标语，到报纸、杂志，再到广播、电视等，充分发挥这些介质的作用，并将其作为密切党群联系的桥梁和渠道。

所谓的“常”，就是尽管时代、客观形势以及群众工作方式都在不断变化，但中国共产党的性质和宗旨是始终不变的，这是做好群众工作始终不变的灵魂。现实空间的群众路线和网络空间的群众路线，尽管平台和方式不同，但都是对群众观点和群众路线的坚持和落实，都是党的性质和宗旨的集中体现。

---

①朱豪．对加强互联网背景下基层党组织思想政治工作的思考［J］．中共伊犁州委党校学报，2016（3）：26.

（三）坚持以人民为中心的发展思想

网信事业要发展，必须贯彻以人民为中心的发展思想。这既是网信事业发展的指导思想，也是网上群众工作的指导思想。

第一，从目标上看，要适应人民期待和需求，加快信息化服务普及，降低应用成本，为老百姓提供用得上、用得起、用得好的信息服务，让亿万人民在共享互联网发展成果上有更多获得感。

第二，构建符合人民利益的网络环境。网络空间是亿万民众共同的精神家园。要本着对社会负责、对人民负责的态度，依法加强网络空间治理，加强网络内容建设，做强网上正面宣传，培育积极健康、向上向善的网络文化，用社会主义核心价值观和人类优秀文明成果滋养人心、滋养社会，做到正能量充沛、主旋律高昂，为广大网民特别是青少年营造一个风清气正的网络空间。

第三，网络安全为人民，靠人民。网络安全为人民，网络安全靠人民，维护网络安全是全社会的共同责任，需要政府、企业、社会组织、广大网民共同参与，共同筑起网络安全防线。

（四）积极开辟网络服务群众新途径

各级党政机关和领导干部要学会通过网络走群众路线。要将党的群众路线与网民特点结合起来，转变传统观念，创新工作方式，夯实党的阶级基础和群众基础，更好地发挥党的领导核心作用，完成党的奋斗目标。通过网络走好群众路线：一要坚持“从群众中来，到群众中去”的基本方法；二要采取包容和耐心的态度。对建设性意见要及时吸纳，对困难要及时帮助，对不了解情况的要及时宣介，对模糊认识要及时廓清，对怨气怨言要及时化解，对错误看法要及时引导和纠正。

总之，要让互联网成为了解群众、贴近群众、为群众排忧解难的新途径，成为发扬人民民主、接受人民监督的新渠道。

参考文献

[1] 蔡芹. “互联网+”为党建工作注入创新活力 [J]. 人民论坛，2017（1）：106-107.

[2] 曾凡伟. 高校基层党组织运用互联网推进党建能力路径研究 [J]. 党史文苑（学术版），2016（7）：62-63.

[3] 常贵君. “互联网+”背景下基层党组织建设的实践与研究 [J]. 现代企业文化，2020（18）：43，45.

[4] 车作生. “互联网+” 背景下高校基层党组织建设创新研究 [J]. 神州（上旬刊），2017（13）：281.

[5] 陈发鸿. 党建信息化问题探析 [J]. 中共福建省委党校学报，2012（9）：112-116.

[6] 陈桂兰. 基于“互联网+”背景下基层党组织建设科学化对策探究 [J]. 速读（下旬），2017（7）：218-219.

[7] 程鹏，何伟. “互联网+”时代背景下的基层党组织建设科学化 [J]. 辽宁行政学院学报，2016（9）：5-8.

[8] 程鹏，何伟. “互联网+”时代的基层党组织建设科学化 [J]. 党政论坛，2016（7）：22-24.

[9] 杜红秀. 基层党组织应用互联网提升党建工作水平的对策 [J]. 魅力中国，2021（48）：51-52.

[10] 段柏武. 建设基层服务型党组织的路径选择 [J]. 现代企业，2019（6）：45-46.

[11] 范秀琴. 互联网时代企业党建工作的实践与探索 [J]. 缔客世界，2021（3）：136.

[12] 房建. 理论内涵、问题导向、实践路径：基层党组织政治功能建设路向机制 [J]. 大连干部学刊，2019，35（7）：34-38.

[13] 顾勇. 新时期 “互联网+党建” 工作在基层党组织中的实践途径 [J]. 新商务周刊，2019（23）：261-262.

[14] 韩强. 提升基层党建信息化水平的几点思考 [J]. 浙江国土资源，2012（12）：50-51.

［15］胡蝶．"互联网+"时代基层服务型党组织建设的创新路径研究［J］．改革与开放，2019（10）：48-50.
［16］胡海．基层服务型党组织建设的五个动力机制［J］．人民论坛，2019（13）：64-65.
［17］胡海．基层服务型党组织建设动力机制：内涵、功能与构建原则［J］．高教学刊，2015（7）：101-102.
［18］黄建安．社会工作嵌入基层服务型党组织建设的思考［J］．观察与思考，2021，（11）：96-103.
［19］李珂，张乃佳．关于完善高校基层党组织联系服务师生机制的思考［J］．中国劳动关系学院学报，2014，28（3）：92-94.
［20］李蕾．对加强互联网背景下基层党组织思想政治工作的思考［J］．魅力中国，2019（43）：382.
［21］李威利．从基层重塑政党：改革开放以来城市基层党建形态的发展［J］．社会主义研究，2019（5）：127-134.
［22］梁晓宇．新时代基层服务型党组织建设的意义、主要成效及路径探讨［J］．黑龙江社会科学，2020，（3）：35-40.
［23］罗家为．新兴业态与互联网党建：特征、实践与路径——基于赣北 J、Y 两市的调查研究［J］．中共天津市委党校学报，2020（4）：21-29.
［24］罗婷．基层党组织"互联网+党建"融合路径探索［J］．办公室业务，2020（20）：34-35.
［25］苗奇．"互联网+"监督：为基层党组织的监督工作插上翅膀［J］．山东青年，2017（2）：190-191.
［26］彭斐．基层党组织如何应用互联网提升党建工作水平［J］．公关世界，2021（14）：21-22.
［27］彭荫泽．"互联网+党建"增强企业党建工作活力［J］．管理学家，2022（22）：7-9.
［28］齐雪芹．互联网背景下加强基层党组织政治生态建设研究［J］．中文信息，2017（11）：251.
［29］沈小璇．加强基层服务型党组织建设的思考［J］．求实，2013（Z1）：46-49.
［30］施萍．基层党组织探索"互联网+党建"工作模式研究［J］．山西青年，2019（13）：294.
［31］谭鹏．刍议创建基层服务型党组织［J］．攀登（汉文版），2014，33（1）：40-43.
［32］王保彦，邸晓星．"互联网+党建"精准服务群众研究——以天津红桥区"微实事工

作室”为例［J］. 中共天津市委党校学报，2019，21（2）：20-27.
［33］王镔. 基层党组织开展“互联网+党建”的途径研究［J］. 现代企业文化，2021（7）：135-136.
［34］王利芳. 以“互联网+党建”新模式推进基层服务型党组织建设［J］. 企业文化（中旬刊），2018（7）：31，33.
［35］王宁. 信息化视域下的党组织建设工作研究［J］. 湖南科技学院学报，2017，38（12）：63-64.
［36］王蕊. 着力打造高校服务型党组织［J］. 人民论坛，2018（9）：112-113.
［37］王舒. 服务乡村振兴战略的“互联网+基层党建”工作创新研究［J］. 卷宗，2019，9（35）：392.
［38］王秀芝.“互联网+”党建思维推动基层党组织建设之议［J］. 企业文化（下旬刊），2019（8）：108.
［39］王毓. 对加强互联网背景下基层党组织思想政治工作的思考［J］. 教育教学论坛，2019（38）：42-43.
［40］王云峰. 互联网背景下加强基层党组织意识形态工作的研究报告［J］. 现代企业文化，2017（2）：28-29.
［41］吴记峰，邓善凤. 城市基层党建视域下的互联网党建创新路向研究——以深圳“智慧党建”建设为例［J］. 广东行政学院学报，2020，32（2）：40-48.
［42］吴慕君. 试论推进基层服务型党组织建设［J］. 党建研究（北京），2012（10）：34-35.
［43］吴晓静. 运用“互联网+”思维助推基层党组织智慧化探索［J］. 青年时代，2021，72（6）：29-30.
［44］武志杰. 推动转型升级服务地方发展［J］. 中国审计，2011（23）：66-67.
［45］习近平. 贯彻落实新时代党的组织路线 不断把党建设得更加坚强有力［J］. 求是，2020（15）：4.
［46］姚桓. 自我革命是应对执政考验的战略举措［J］. 探索，2018（4）：112.
［47］姚晓玲. 农村服务型党组织如何建［J］. 人民论坛，2018（33）：96-97.
［48］易承志. 论回应机制的优化与服务型政府建设［J］. 河南师范大学学报（哲学社会科学版），2009，36（6）：32-35.
［49］于亚杰. 基层党组织建设视角下的社会治理问题探究［J］. 中共成都市委党校学报，2017（3）：59-63.

［50］张家睿. 基于“互联网+”的基层党组织建设研究［J］. 山东青年，2019（3）：221-222.

［51］张颖，苑帅民. 基层党组织要善用“互联网+”［J］. 人民论坛，2018（16）：180-181.

［52］张媛. 基层党组织建设质量评价体系与保障机制研究［J］. 船舶职业教育，2022，10（3）：62-64，70.

［53］张振. 创建基层服务型党组织的理性思考［J］. 领导科学，2014（8）：60-61.

［54］赵绪生. 具有鲜明特色的基层党建新模式［J］. 中国党政干部论坛，2012（7）：36-37.

［55］郑欣泽. 构建国有企业党内法规实施保障机制［J］. 现代企业，2023（6）：148-150.

［56］中国软件与技术服务股份有限公司党委“互联网+基层党建”研究中心. 互联网+基层党建［M］. 北京：党建读物出版社，2017.

［57］周浩集. 基层服务型党组织建设：动因、架构及其路向［J］. 探索，2015（4）：42-46.

［58］朱豪. 对加强互联网背景下基层党组织思想政治工作的思考［J］. 中共伊犁州委党校学报，2016（3）：26-27.